KB063497

더 이상 스마트폰에 휘둘리지 않고,
주도적으로 사용하는 여정에 당신을 초대합니다

테크
라이프
밸런스

디지털 세상에서
똑똑하게 살아가는
101가지 방법

TECH

LIFE

타이노 벤즈 지음

이은경 옮김

BALANCE

책장속
BOOKS

테크 라이프 밸런스

개인 생활이나 인간관계에
부정적인 영향을 미치지 않는 방식으로
디지털 기술을 주도적으로 사용하며
살아가는 법

목차

서문

헥터 휴스

때때로 세상을 뒤집는 새로운 기술이 출현한다.

문자가 등장하기 이전에는 모든 생각이 머릿속에 있었다. 문명인들은 추론하고 기억할 수 있는 능력을 자랑스러워했다. 그런데 문자가 등장하면서 상황이 달라졌다. 더는 모든 정보를 머릿속에 담아둘 필요가 없어졌다. 사람들은 전과 완전히 다른 방식으로 타인의 생각을 기반으로 삼을 수 있게 되었고, 이는 특정 문제를 훨씬 더 깊이 있는 수준으로 통찰하고 이해할 수 있게 했다. 이렇듯 글은 우리가 생각하는 방식을 바꿔 놓았다.

하지만 모두가 동조하지는 않았다. 위대한 그리스 철학자 소크라테스Socrates는 글이 해롭다며 소리 높여 비난했다. 그에게 문자 언어란 기억의 종말을 의미했다. 그는 기억할 필요가 없어지면 정신이 쇠퇴할 것이라고 생각했다. 소크라테스는 말로 나누는 대화가 미덕을 닦고 비판적 사고를 함양한다고 봤기에, 문자는 이 모두를 위기에 빠트릴 거라고 경고했다.

어쩌면 소크라테스가 옳았을지도 모른다. 인류는 문자 언어 덕분에 놀랍도록 진보했지만 그 대가는 무엇이었을까? 이는 대답하기 어려운 문제다.

지금 우리는 또다시 갈림길에 서 있다.

새로운 기술이 우리가 살아가고 소통하는 방식을 획기적으로 바꾸고 있기 때문이다. 이 글을 쓰는 시점을 기준으로 인터넷이 생겨난 지는 39년, 아이폰이 나온 지는 15년밖에 되지 않았다. 그 짧은 시간 동안 얼마나 큰 변화가 있었는가! 생활은 믿기 어려운 속도로 변화하고 있다. 정말 흥미진진하다. 디지털 혁명은 수많은 가능성을 활짝 열었고, 그중에서도 최고봉은 스마트폰이다.

이제 우리는 거의 무한한 지식을 갖고 전 세계 수십 억 명의 사람들에게 접근할 수 있다. 그 모든 일이 주머니 속에 든 작은 디지털 기기로 가능하다. 스마트폰은 개인에게 그 무엇보다도 큰 힘을 부여한다. 인터넷에 접속할 수 있는 사람이라면 누구라도 가능성으로 가득 찬 세상에 접근할 수 있다. 하지만 단점이 없지는 않다. 주의 집중 시간attention span

이 떨어지고 지속적인 자극으로 스트레스와 불안이 넘쳐난다. 현실은 물론이고, 심지어 자기 자신과도 거리감을 느끼곤 한다.

지금 우리는 그런 상태다. 눈앞에 흥미진진한 새로운 세상이 펼쳐지지만, 이 글을 쓰고 있는 현재, 우리는 그 세상을 직면할 준비가 되어 있지 않다.

지금이야말로 삶을 꽃피울 방법을 배울 시간이다. 그 방법을 알려줄 안내자로 벤즈Taino Bendz보다 적격인 사람은 없다. 벤즈는 이 주제에 대해 오랫동안 깊이 생각했고 이 책이 그 결과물이다.

모든 변화는 어딘가에서 시작한다. 대개는 사소하게 시작한다. 지금 상황과 현재 난관이 감당하기 힘들다고 느낄 수도 있겠지만 그럴 필요는 없다. 이 책을 참고서로 활용하자. 뭔가를 시도하고, 배우고, 다시 시도하자. 혼돈이 가득한 삶 속에서 나 자신을 되찾는 데 나에게 이 책은 커다란 도움이 됐다.

소크라테스는 문자 언어를 막지 못했고 역사는 그의 경고를 거의 기억하지 못하지만, 나는 그 당시 소크라테스의 발언이 시사하는 바가 있다고 장담한다. 문자가 아무리 긍정적인 변화를 불러왔다고 한들, 잃은 것도 있었기 때문이다. 지금도 마찬가지다. 하지만 이는 기회이기도 하다. 올바르게 대처하면 모든 것을 손에 넣을 수 있다.

이 책이 당신에게 그 기회를 줄 것이다. 장담컨대, 몇 가지만 배우더라도 지금보다 더 행복해지고 더 건강해질 것이다. 작은 것부터라도 좋으니 꼭 시작하자. 깜짝 놀랄 만한 발견을 하게 될 것이다. 행운을 빈다.

— 언플러그드 공동 설립자, 헥터 휴스

들어가는 말

스마트폰에 푹 빠져서 내려놓기가 힘들었던 적이 있는가? 직장에서 주의가 산만해지고 끊임없이 밀려오는 이메일이나 소셜 미디어 피드에 스트레스를 받은 적은? 디지털 시대에 아이를 양육하면서 어려움을 겪고 있지는 않은가?

만약 그런 적이 있다면 이 책은 당신을 위한 것이다! 위의 경험을 당신만 하는 것은 아니다. 회의에 참석 중인 CEO들도 노트북으로 이메일을 확인하느라 바쁘다. 부모들은 한 손으로 그네를 밀면서 다른 한 손으로는 스마트폰을 스크롤 한다. 오랜만에 만난 친구들은 서로를 무시하고 각자 디지털 기기에 열중한다. 아이들은 디지털 자극이 없으면 놀지 못하고 기기를 내려놓으라고 하면 부모에게 소리를 지른다. 나도 다 겪어본 일이다.

하지만 '분명히' 더 좋은 방법이 있다.

"벤즈 씨, 이 행사를 열어줘서 정말 감사해요. 나만 디지털 기기가 우리 삶을 잠식한다고 걱정하는 줄 알았어요. 저는 직접 만든 쌍동선(같은 모양의 선체 2개를 연결해서 만드는 선박—옮긴이)을 가지고 있는데요. 사람들이 디지털 기기에 빠져 있는 시간을 줄이고 다른 사람들과 직접 소통하는 시간을 늘리도록 격려하는 차원에서 그 배에 '오프라인'이라는 푯말을 붙이고 경주에 참여하기로 했답니다."

때는 2020년 3월, 건전한 스마트폰 사용을 추진하는 비영리 행사인 '스마트폰 없는 날Phone Free Day'을 개최한 직후였다. 긍정적인 피드백과 반응이 대부분이었지만 내가 신기술을 두려워하는 사람이라고 비판하는 이들도 있었다. 온라인에 올라온 몇몇 악의적인 지적을 보고 나는 만약 이 행사를 계속해 나간다면 대체 어떻게 해야 할지 고민했다.

바로 그때 위 메일이 왔다는 알림이 울렸다. 일면식도 없는 사람이 보낸 메일이었지만 덕분에 동기가 되살아났고 계속해서 앞으로 나아가야 한다는 확신이 생겼다.

디지털 기술이 우리 삶에 더 깊이 들어오면서 주의를

산만하게 하는 경우도 점점 늘어나고 있다. 나는 기술이 삶을 개선해야지, 삶에 집중하지 못하도록 주의를 산만하게 해서는 안 된다고 생각한다. 나는 기술이 아니라 당신이 삶에서 주인공이 되도록 돕고자 이 책을 썼다. 집중력과 생산성 향상, 스트레스 감소, 웰빙 개선, 인간관계 강화 등 당신이 원하는 바가 무엇이든 이 책에서 유용한 실천법을 찾을 수 있을 것이다. 연구 결과도 소개하지만, 무엇보다도 당신 자신이 처한 상황을 개선하고 테크 라이프 밸런스를 찾을 기회를 얻게 될 것이다. 명심하자. 이 책은 단지 영감을 주는 데 그치지 않는다. 우리는 당신의 삶을 유의미하게 개선할 수 있는 실질적인 결과를 목표로 하고 있으므로 스스로 시험대에 올라야 할 일도 있을 것이다.

기술은 아주 오랫동안 존재했지만 지난 몇십 년 동안 혁신 속도가 급격하게 빨라졌고 최근 몇 년 사이에 디지털 기술은 많은 사람의 생활 양식을 통째로 바꿔놓았다. 현재 세계 인구 중 약 60퍼센트가 인터넷에 접속할 수 있으며 선진국의 경우 그 비율은 최대 95퍼센트에 이른다. 당신이 이 책을 읽기 시작한 몇 분 사이에 전 세계에서 주고받은 이메일은 약 1억 8,000만 통, X(구 트위터)에 올라온 메시지는 58만 건, 구글 검색은 600만 건, 유튜브 동영상 시청 횟수는 약 550만 회에 달하며 스크롤 한 거리를 합산하면 지구에서 달까지 거리의 절반에 이른다.

나는 삶에 부정적인 영향을 미치지 않는 방식으로 디지털 기술을 사용하는 여정에 당신을 초대하고 싶다. 하지만 부정적인 영향을 피하기만 해서는 당신에게도, 디지털 기술에도 바람직하지 않다고 생각한다. 나는 습관을 바꿔서 삶의 다양한 측면을 '개선'할 수 있는 방법을 알려주고 싶다. 또한 기술 개발 및 기술 진보가 나아가야 할 방향을 둘러싼 논의도 덧붙이고 싶다. 너무나 빠르게 변화하는 기술에 대한 글을 쓰기란 어려운 일이다. 출간되기도 전에 시대에 뒤처진 책이 되지 않기 위해 당신에게 초점을 맞출 것이다. 빠르게 변화하는 세상에서 유일하게 변하지 않는 매개 변수는 바로 그 모든 중심에 있는 인간과 우리가 기술을 사용하기로 선택하는 방식, 그리고 그 이유다.

이 책은 일부 기술이 그토록 중독성을 띠는 이유와 우리가 어떻게 지금에 이르렀는지를 살펴보면서 시작한다. 그다음에는 새로운 습관을 기르는 방법을 살펴보고 여섯 개 부분으로 구성된 본문으로 들어간다. 각 부분은 디지털 기술이 우리에게 영향을 미치는 구체적인 분야를 다루며, 연구 검토로 시작해서 그 특정 영역을 뒷받침하는 실질적인 습관으로 돌입한다. 좀 더 현실적이고 공감대를 형성할 수 있도록 당신과 비슷한 사람들이 시도해 보고 경험을 공유한 실천법을 중심으로 소개했다. 이 책을 최대한 활용하려면 그 내용을 함께 살펴보고 직접 실천법을 시도해 보기 바란다. 개중에는 당신이 이미 알고 있고 어쩌면 벌써 실천하고 있는 방법도 있겠지만, 다들 새로운 방법을 발견하게 될 것이라고 확신한다! 또한 당신의 테크 라이프 밸런스, 나아가 당신 인생에 영향을 미치고 있다고는 생각지도 못했던 측면을 발견하는 데도 도움이 될 것이다.

균형은 영구적인 상태가 아니며 정적이지도 않다. 시간이 지나면서 절충점은 바뀔 것이다. 때로는 기술을 너무 많이 사용하고 때로는 너무 적게 사용해서 부정적인 결과를 초래하는 등 테크 라이프 밸런스가 양쪽으로 흔들리게 될 것이다. 게다가 이는 지극히 개인적인 문제라서 어떤 사람의 균형이 다른 사람에게는 전혀 맞지 않을 수도 있다. 이 책을 읽으면 당신에게 맞는 밸런스가 무엇인지 알게 될 것이며, 균형이 깨어졌을 때 다시 밸런스를 맞출 수 있는 도구를 얻을 수 있다.

무엇이 당신에게 적절한지 배우기 위해 자기 자신의 관점에서 곰곰이 생각하고, 친구나 가족과 대화하는 것을 추천한다. 노트를 마련해서 자기 생각과 중요한 질문에 대한 답변을 적어두고 진전 상황을 계속 살피자. 당연한 말이지만 적극적으로 참여할수록 당신이 처한 현재 상황은 물론이고 당신이 어디로 나아가고 싶은지, 테크 라이프 밸런스를 찾고 시간을 잘 쓰는 데 가장 큰 차이를 만들어낼 변화가 무엇인지를 더 잘 알 수 있을 것이다.

> "시간은 돈이라는 믿음이 있다. 사실 시간은 돈보다 더 귀중하다. 시간은 재생 불가능한 자원이다. 일단 써 버리면, 설사 잘못 썼더라도 영영 사라진다."
>
> ─『내 시간 우선 생활습관』 저자, 닐 피오레

우리 인생에서 쓸 수 있는 시간도 관심도 한계가 있다. 나는 당신이 그 자원을 어디에 쓰고 싶은지 곰곰이 생각하도록 돕고, 흥미진진한 동영상이나 시끄러운 알림음, 밝게 빛나는 아이콘이 그 자원을 끌어당기도록 방치하는 대신에 당신이 원하는 곳으로 이끌어줄 도구를 제공하고 싶다.

그렇다면 당신은 귀중한 시간과 관심을 '실제로' 어디에 쓰고 있는가?

테크 라이프 밸런스를 위한
준비 과정

일단 가장 중요한 작업부터 하자. 당신이 얼마나 많은 시간을 스크린 앞에서 보내는지 실제로 체크해 본 적이 있는가?

> "저는 시간이 자기 자신에게 줄 수 있는 가장 귀중한 것 중 하나라고 생각해요. 좀 더 온전하게 존재할 시간을 내는 것 말이에요."
>
> — 오프라 윈프리

잠시 시간을 내서 이런저런 디지털 기기들을 얼마나 많이 사용하는지 측정해 보자. 업무나 공부에 컴퓨터를 얼마나 많이 사용하고 있는지 체크해 보자. 스마트폰 통계를 확인해서 몇 시간이나 사용하는지, 얼마나 자주 집어 드는지 알아보자. 확인하는 법을 모른다면 검색해 보자. 태블릿이나 텔레비전 같은 디지털 기기를 보면서 보내는 시간도 잊지 말고 확인하자!

노트를 펼쳐서 하루 동안 모든 디지털 기기를 사용하는 총시간을 다음과 같이 구분해서 적어 보자.

업무/공부: _____ 시간
여가: _____ 시간

물론 스크린 타임(혹은 기기 사용 시간)이 '가장' 명확한 측정치는 아니다. 그 수치는 우리가 디지털 기기들을 '어떤 용도'로 사용하는지 고려하지 않는다. 하지만 이 수치를 보면 우리가 다른 일에 사용할 수 있는 총시간이 얼마나 되는지 파악할 수 있다. 인생에서 중요한 일에 더 많은 시간을 쓰고 싶지 않은 사람이 어디 있겠는가?

이제 그 수치들을 보면서 어떤 '기분'이 드는지 곰곰이 생각해 보자. 스크린 타임을 구분한 내역을 보고 뜻밖에도 기뻤는가? 어쩌면 더 많이 본다고 생각했을지도 모른다. 혹은 디지털 기기에 쓰는 시간을 보면서 충격을 받은 사람도 있을 것이다. 업무나 공부, 주변 사람들과 의사소통에 쓰는 경우처럼 꼭 필요한 용도로 쓸 때도 있을 것이다. 하지만 필수적인 경우를 넘어서서 의존이나 시간 낭비 영역으로 넘어가는 사람도 많다.

이 책을 읽어나가면서 이런 느낌을 기억하도록 하자. 이 책에서 소개하는 각각의 제안들은 스크린을 보는 시간과 보지 않는 시간 사이에서 건전한 균형점, 특히 '당신'에게 효과적인 균형점을 찾고 이를 유지하도록 도와주고자 한다.

이 책은 여섯 부분으로 나뉘며, 각 부분은 디지털 기기가 우리 삶에 영향을 미치는 방식에 초점을 맞춘다.

1. **집중력과 생산성**
2. **정신 건강**
3. **신체 건강**
4. **디지털 기술이 지구에 미치는 영향**
5. **가족과 자녀**
6. **사회생활과 인간관계**

각 부분은 같은 형식을 따른다. 먼저 해당 주제를 다룬 연구를 살펴보면서 문제를 이해한다. 일단 그런 문제가 어떻게 그리고 '왜' 존재하는지 이해한 다음에는 이를 해결할 방법을 살핀다. 이렇게 제안하는 실천법으로는 자율 연습, 성공 비결, 생각해 볼 문제 등이 있다. 혼자서 할 수 있는 실천법도 있고, 다른 사람이 참여해야 하는 방법도 있다. 각 실천법은 난이도에 따라서 1단계부터 3단계로 나뉜다. 1단계 실천법은 대체로 진입 장벽이 낮고 간단하게 실시할 수 있으며, 3단계는 가장 어려운 습관 변경이나 깊은 성찰이 필요한, 혹은 다른 사람이 참여해야 하는 실천법이다.

몇 가지, 혹은 단 한 가지 실천법부터라도 일단 시작해서 적어도 몇 주일 동안은 계속하는 것이 바람직하다. 왜 그런 실천법을 하는지, 그런 방법이 당신에게 어떤 영향을 미치는지, 어떤 변화가 느껴지는지 곰곰이 생각해 보자. 이 책에서 소개하는 실천법을 전부 시도하기를 기대하지는 않는다. 그보다는 여러 메뉴 중에 자신에게 가장 적합한 조합을 선택해 보자. 너무 많이 고르지는 말자. 부담스럽다고 느끼는 일은 없기를 바란다! '이 실천법은 나에게 맞지 않아'라는 의식적인 선택에서 비롯된 경우라면 포기해도 좋다.

최선의 결과를 얻으려면 생각을 적을 노트를 늘 곁에 두도록 하자. 그렇게 메모를 적어두면 도중에 자신이 어디까지 도달했는지 확인하는 데 큰 도움이 된다. 시도하기로 정한 실천법, 시작한 날짜, 경과, 느낌도 적어두는 것이 좋다.

변화하기는 어렵지만 디지털 기기를 쓰면서 보내는 시간동안 받는 자극을 줄이면 성찰하고 내면을 바라보는 데 더 많은 시간을 쓸 수 있다는 점을 기억하기를 바란다. 장기적으로 보면 유익한 일이지만 처음에는 불편하게 느껴질 수도 있으니 스스로 자랑스러워하고 자기 자신에게 너그럽게 대하도록 하자. 당신은 잘하고 있다! 여기까지 읽고 디지털 기술을 좀 더 의식적이고 균형 잡히게 사용하는 여정에 나선 것만으로도 무척 가치 있는 일이다.

먼저 어떻게 이 상황에 이르게 됐는지 살펴보자.

우리는 어쩌다 이렇게 되었을까?

삶 속에서 기술과 균형을 이루고 싶다는 말은 무슨 의미일까? 대체 '기술'이란 무엇일까?

넓은 의미에서 기술이란 '과학 지식을 인간 생활에서 실용적인 목적으로 응용하는 것'이라고 정의할 수 있다. '실용적'이라는 단어에 주목하자. 다시 말해 과학 지식을 이용해 인간을 돕고 생활을 편하게 만드는 도구를 개발한다는 뜻이다. 대략 200만 년 전에 만든 돌도끼부터 최신 최고 사양 스마트폰에 이르기까지 도구를 개발하는 원동력은 똑같이 '생활을 더 편하게 만드는 것'이다.

그렇다면 왜 때때로 현대 기술은 '전혀' 생활을 편하게 만들지 않는 것처럼 느껴질까?

최신 기술은 유익한 동시에 파괴적인 속성도 지니고 있기 때문이다. 자동차나 전화 같은 혁신은 도입과 동시에 세상을 완전히 바꿔놓았지만 그런 기술이 제아무리 혁명적이었다고 한들 여전히 '도구'였다. 우리가 편하려고 사용하는 물건이었고, 개인 사생활이나 다른 사람과의 관계에 부정적인 영향을 미치는 일은 거의 없었다.

반면 디지털 기술은 전혀 다른 괴물이다. 정보 기술, 즉 데이터를 생성, 저장, 전송, 처리하는 기기들은 인류 역사에서 우리 관심을 완전히 사로잡고 '아날로그 생활'과 경쟁하는 유일한 기술이다. 게다가 기술 진화가 빠르게 진행되면서 우리는 혁신 무감각innovation numbness 상태에 이르고 있다. 더는 예전처럼 기술에 감탄하는 경우가 드물다. 즉 우리는 새로운 기술이 우리 생활에 실제로 가치를 '더할'지, 과연 그 기술이 유용한 도구인지 충분히 숙고하지 않은 채 그대로 받아들인다.

"만약 어떤 것이 도구라면 그것은 그냥 그 자리에 가만히 있으면서 끈기 있게 기다립니다. 어떤 것이 도구가 아니라면 당신에게 무엇인가를 요구합니다. 유혹하고 조종하죠. 당신에게 무엇인가를 요구합니다. 우리는 도구 기반 기술 환경에서 중독과 조종을 사용하는 기술 환경으로 옮겨왔습니다. 소셜 미디어는 사용해 주기를 기다리는 도구가 아닙니다. 소셜 미디어는 독자적인 목표를 가지고 있고, 당신의 심리를 이용해 그 목표를 이루려는 수단도 가지고 있습니다."

― 전 구글 디자인 윤리학자, 기술 윤리학자,
인도적 기술 센터 소장 겸 공동 설립자, 트리스탄 해리스

시장에 진입하는 모든 새로운 기기는 분명 과학 기술을 응용한 결과물이지만, 모든 새로운 기기가 인간 생활에 실용적으로 도움이 될까? 수백만 년 전에 발명된 돌도끼로 돌아가 보자. 돌도끼를 사용한 사람은 이전에는 실용적이지 않았거나 아예 불가능했던 방식으로 특정한 과제를 수행할 수 있게 됐다. 도구의 목적은 명확했고 사용 방법 및 의도한 결과 역시 명확했다. 반면에 디지털 기술은 목적이 모호한 경우가 흔하고 의도하지 않은 부작용이 따르기도 한다. 이메일을 생각해 보자. 이메일은 의사소통을 훨씬 빠르고 쉽고 효율적으로 만든 업계 필수품이다. 그와 동시에 많은 사람이 하루에 몇 시간씩 필사적으로 애를 쓰면서 받은 메일함을 확인하느라 스트레스를 받고 있다.

사람들은 새로운 기술, 특히 텔레비전과 라디오를 오랫동안 비판했지만, 21세기의 첫 20년은 기술이 우리 사생

활과 인간관계에 해를 끼칠 수 있는 방식으로 점점 더 많이 사용되기 시작한 시점이다.

물론 '모든' 디지털 기술이 잠재적으로 해로운 영향을 미치거나 중독될 위험성을 초래하지는 않는다. 진짜 위험은 관심 끌기 기술attention-grabbing technology, 즉 AGT에서 비롯된다. AGT란 '사용자의 관심을 끌고 유지하도록 설계한 디지털 정보 기술'을 말한다.

온라인 앱이나 플랫폼에서 쓰는 시간이 새로운 화폐가 되고 기업들이 사용자들의 관심을 유지하고자 갖은 수단을 동원하는 관심 경제attention economy가 등장하면서 AGT는 더욱 널리 퍼지고 있다. 이런 비즈니스 모델에서는 사용자가 콘텐츠 대금으로 관심과 시간, 데이터를 지불하지만, 이런 서비스를 사용하면서 실제로 대가를 지불한다고 생각하지 않는 경우가 많다. 그들은 지구상에서 가장 수요가 많은 자원 중 하나인 시간을 지불하고 있다. 애초에 '관심을 기울이다'를 영어로 'pay attention'으로 표현하는 이유가 여기에 있다.

> "우리는 제품입니다. 우리 관심은 광고주에게 팔리는 상품이죠."
>
> — 전 페이스북/구글 엔지니어이자 아사나 공동 설립자, 저스틴 로젠스타인

AGT(관심 끌기 기술)의 특징은 전체로 봤을 때 우리에게 대단히 큰 영향을 미치는 요소들의 조합이라는 점이다. AGT는 휴대할 수 있고, 가격대가 적당하며, 개인 취향에 맞게 조절할 수 있고, 사용하기 쉽다. 예를 들어 스마트폰은 대중이 구매하기 전에도 한동안 존재했지만, 아직 AGT는 아니었다. 왜일까? 초기 스마트폰은 휴대할 수 있었지만, 가격대가 적당하지도, 개인 취향에 맞출 수도, 사용하기 쉽지도 않았기 때문이다.

이 책에서는 AGT 사용을 확인하고 관리하며 필요한 경우 회피하는 데 초점을 맞출 것이다. AGT는 전 세계적으로 우리 웰빙과 문화에 가장 큰 영향을 미치는 디지털 기술 유형이기 때문이다. 관련 실천법들은 대체로 장벽을 만드는 방식이다. 장벽을 '제거'하느라 애쓰는 데 익숙한 우리에게는 다소 어리둥절하게 느껴질 수도 있을 것이다.

하지만 우리와 우리 뇌가 AGT를 균형 있게 사용하도록 뒷받침하려면 이 장벽이 '필요'하다. 그도 그럴 것이 우리 뇌는 AGT를 정말로 사랑한다!

AGT는 어떻게 작동할까?

관심 끌기 기술(AGT)은 왜 그토록 중독성이 강할까?

그 해답은 우리 뇌 내부 및 뇌와 신체 사이에서 메시지를 주고받는 신경 세포와 관련된 뇌 기능에서 찾을 수 있다. 신경 세포들끼리 신호를 전달하려면 신경전달물질neurotransmitter이라는 화학 물질이 필요하다. 우리 뇌에는 다양한 신경전달물질이 있지만 지금은 그중에서도 가장 중요한 도파민dopamine에 초점을 맞출 것이다. 도파민은 '쾌감' 물질로 널리 알려져 있지만 '더 많이 원하게 하는' 혹은 '보상을 주는' 화학물질이라는 설명이 더 이해하기 쉽다. 도파민이 주는 만족감은 아주 크지만 금방 사라진다. 뇌는 식사, 운동, 섹스, 알코올 섭취 등 우리가 즐겁다고 생각하는 활동을 할 때 도파민을 분비한다. 실제로 뇌는 우리가 특정한 활동을 할 때 보상하도록 설계되어 있다.

식량, 정보, 사회적 접촉이 부족한 환경에서 살아남도록 진화하면서 최적화된 우리 뇌는 이런 욕구를 충족할 기회를 끊임없이 살핀다. 인류 역사에서 도파민은 우리가 생존할 가능성을 가장 높이는 대상에 관심을 돌리도록 도왔다. 우리 목숨은 위험을 피하는 동시에 식량과 보금자리를 찾아서 주변을 살피는데 달려있었으므로, 우리가 새롭거나 놀랍거나 다채롭거나 움직이는 물체에 관심을 집중할 때면 도파민이 분비되면서 기분이 좋아졌다.

　　하지만 도파민은 거기에서 멈추지 않는다. 생존 필수품을 '찾아' 나서도록 동기를 부여하기 위해 우리 뇌는 앞으로 일어날 일을 예상해서 도파민 수준을 높임으로써 '미리' 보상을 줄 수도 있다. 즉 새롭고 예기치 못한 대상을 찾아 나서면 기분이 좋아지는 도파민이 분비된다.

　　이런 현상이 어디로 향할까? 4만 년이 지난 지금에도 우리는 그 옛날과 동일한 목적과 동기 유발 요인을 가진 똑같은 뇌를 갖고 있다. 여전히 우리 뇌는 주변에서 새롭고 놀라운 대상을 찾으면 보상을 준다. 하지만 요즘 사람들에게 이런 대상은 더 이상 희귀하거나 찾기 어렵지 않다. 생존에 필수적이지도 않건만 손끝만 까딱해도 계속해서 나타난다. 우리 뇌는 이메일 수신 알림, 온라인에서의 사회적 상호작용, 사진 올리고 피드백 받기, 동영상 시청, 소셜 미디어 스크롤 등 새로운 정보를 발견하는 족족 도파민을 분비한다. 이런 정보들은 대개 알록달록하고 움직이며, 잘 생각해 보면 놀라운 것들이다. 게다가 이런 정보를 사냥하면 보상을 받으니 끝없이 스크롤을 하면서 기분이 좋아진다. 스크롤하다 보면 가끔씩은 새롭거나 예기치 못한 게시물을 만날 수 있기 때문이다.

기분이 좋아지는 활동을 끊임없이 할 수 있다는 사실이 그리 대수롭지 않게 들릴 수도 있지만, 도파민이 자주 분비되면 우리 뇌는 이렇게 새롭게 높아진 보상 화학 물질 수준에 '적응'한다. 한 번 분비가 끝나고 나면 뇌는 도파민 수준을 시작점보다 낮춘다. 이는 곧 다음번에 도파민이 분비됐을 때는 이전만큼 기분이 좋지 않다는 뜻이다. 그 결과 우리는 동일한 수준의 쾌감을 느끼려면 점점 더 많은 자극이 필요한 순환 고리에 빠진다. 장기적으로는 어떤 일에서도 보상과 만족감을 찾기 어려워지고, 당장 기분이 좋아지는 활동에 모든 에너지와 관심을 기울이게 된다.

이 설명이 마약을 찾는 마약 중독자를 표현한 묘사처럼 들린다면 썩 틀린 말은 아니다. 그렇다면 여기에서 의문이 생길 것이다. 어떻게 하면 자신의 웰빙을 지키는 '동시'에 인생에서 중요한 대상에 초점을 맞추면서 도파민에 좌우되는 AGT를 사용할 수 있을까? 이 질문에 답하기 위해

이 책을 썼다고 해도 과언이 아니지만, 우선 이런 기술의 영향과 그에 따라 우리 행동을 조정하는 방법을 알아보도록 하자.

연습: 현재 상황 파악하기

AGT는 어떤 측면에서 중독성이 있을까? 현재 당신의 삶은 디지털 기기와 균형을 이루고 있는가? 아래의 문장을 하나씩 천천히 읽으면서 당신 상태를 점검해 보자. 필요하다면 노트에 메모하자.

- 디지털 기기를 쓰다 보면 시간이 가는 줄 모르곤 한다.
- 디지털 기기가 진동하거나 소리를 내면 당장 확인해야 한다고 느낀다.
- 친구나 가족들과 있을 때도 디지털 기기에 정신이 팔린다.
- 소셜 미디어에 원하는 것 이상으로 시간을 소비한다.
- 밤에도 자지 않고 계속 디지털 기기를 사용하곤 한다.
- 스마트폰을 확인하지 않으면 뭔가 중요한 것을 놓친 듯한 기분이 든다.

- 업무든 사생활이든 항상 연락이 가능해야 한다는 압박감을 느낀다.
- 궁금한 점이 있으면 당장 스마트폰을 들어서 답을 찾는다.
- 읽지 않은 이메일 개수를 보면 어쩔 줄을 모르겠다.
- 디지털 기기 때문에 가족이나 친구들과 다툰다.

도파민과 기술에 관해서 좀 더 자세히 알고 싶다면 333쪽에 실린 TJ 파워와 나눈 인터뷰와 329쪽에 실린 안나 테벨리우스 보딘과 나눈 인터뷰를 살펴보자.

이제 당신의 테크 라이프 밸런스 상태를 곰곰이 생각해 봤으니 새롭고 지속 가능하며 건전한 습관을 형성할 방법을 알아보자.

습관 형성하기와 깨기

습관을 형성하려면 정확히 21일이 걸린다는 이야기를 들어본 사람도 있을 것이다. 안타깝게도 이는 잘못된 정보다. 최근 연구에 따르면 새로운 행동 패턴을 확립하는 데 필요한 평균 시간은 66일이라고 한다. 물론 이보다 더 오래 걸리거나 더 짧게 걸릴 수도 있다.

15세부터 64세 사이 인구 약 1만 명을 대상으로 실시한 연구에서 디지털 습관을 바꾼 다섯 명 중 네 명은 전반적인 웰빙 상태가 개선됐다. 효과를 실감하지 못한 사람들이 겪은 주된 장애물은 변화를 고수하기가 어렵다는 점이었다. 새로운 습관을 지키려면 의지력이 필요할 뿐만 아니라 성공하기 위해 준비를 해야 한다. 그러니 내가 추천하는 건전한 실천법을 시작하기에 앞서 처음부터 성공하기 위한 준비를 해보자!

- **습관을 쌓자.** 자신의 하루가 어떤 패턴으로 흘러가는지 살펴보고 이미 하고 있는 일에 새로운 실천법을 '쌓아서' 기존 습관에 새로운 실천법을 추가할 방법을 생각해보자. 예를 들어 당신이 매일 아침 일정한 시간을 내서 커피나 차를 내린다고 하자. 거기에 추가로 좀 더 활동적인 운동을 끼워 넣고 싶다면 물이 끓기를 기다리는 동안 스쾃 10번과 팔 굽혀 펴기 5번을 하는 것처럼 간단하게 쌓을 수 있다.

- **명확하게 하자.** 화장실이나 냉장고, 방 문처럼 자주 가는 장소에 실천법을 떠올릴 메모를 붙여두자.

- **쉽게 하자.** 방해 요소가 없다면 새로운 습관을 형성할 가능성이 높아진다. 예를 들어 침대에서 스마트폰을 스크롤하는 대신 독서를 시작하고 싶다면 읽고 싶은 책을 베개 위에 놓아두자. 반대로 습관을 깨고 싶다면 스마트폰에 설치한 소셜 미디어 앱을 삭제해서 소셜 미디어에 접속하려면 노트북을 켤 수밖에 없도록 하는 등 장애물을 도입할 수 있다. 서던캘리포니아대학교 심리학과 교수 웬디 우드Wendy Wood는 달리는 습관을 들이기 위해서 아침에 침대에서 일어나 운동화를 신고 뛰기만 하면 되도

록 운동복을 입고 자기 시작했다!

- **작은 일부터 시작하자.** 디지털 웰빙을 개선하겠다고 소셜 미디어를 전부 그만두거나 스마트폰을 처분할 필요는 없다. 앱 삭제, 알림 관리, 짧은 산책 등 언뜻 사소해 보이는 변화로도 웰빙과 집중력을 개선할 수 있다. 예를 들어 딱 5분 디지털 기기를 사용하지 않는 것만으로도 디지털 기술에 덜 휘둘리는 생활을 시작할 수 있다.

- **책임감을 형성하자.** 습관 변화에 다른 사람들을 끌어들이자. 이를테면 가족이 모여 식사할 때나 누군가와 함께 자연을 즐길 때 디지털 기기를 사용하지 않기로 한다. 이렇게 가정과 직장에서 모두가 따를 규칙을 함께 설정하면 어떤 한 사람이 짊어져야 할 부담을 줄일 수 있다. 아니면 그냥 누군가에게 당신의 새로운 습관을 이야기하자. 그러면 주변 사람들에게 건전한 압력을 받을 수 있고 책임감도 형성할 수 있다!

- **준비하자.** 아침에 기기를 쓰지 않기로 결심했다면 전날 저녁에 버스 시간표, 회의 일정, 일기예보를 확인해서 미리 준비하자. 어떤 날이나 주말에 소셜 미디어를 사용

하지 않기로 했다면 전날에 사람들에게 이를 알리고 다른 연락 방법을 고지하는 게시물을 올리자.

- **자신에게 보상하자.** 습관을 형성할 때 보상은 필수적이다. 바로 보상을 받을 수 있는 습관도 있고 시간이 오래 걸리는 습관도 있다. 즉각적인 보상은 새로운 습관을 형성하는 데 도움이 될 수 있다. 디지털 기기를 사용하지 않는 저녁 식사 때 가족들이 제일 좋아하는 요리를 만들 수도 있고 친구들과 함께 모여서 앱을 하나 지울 때마다 1달러씩 모아서 볼링을 치러 갈 수도 있다.

- **꾸준히 매일 실천하자.** 습관을 들이기까지는 오랜 시간이 걸리지만 자주 하면 더 빨리 형성된다.

- **디지털 기기 이용 관리에 기술을 사용하자.** 무슨 말인지 잘 이해가 되지 않는가? 우리는 스마트폰을 일 년 내내 하루 24시간 가지고 다니다시피 하는데, 이는 디지털 기술을 좀 더 의식적으로 사용하도록 돕는 훌륭한 도구다. '스크린 타임' 보고서를 활용하자. 앱을 사용하는 시간을 제한하고, 알람이나 알림을 설정해서 디지털 기기를 사용하지 않는 휴식 시간을 갖자. 할 수 있는 일은 너무나 많다!

- **즐기자.** 포기하는 것이 아니라 얻는 것에 초점을 맞추자!

"습관을 바꾸려면 의식적으로 노력하고 하루를 어떻게 보내고 싶은지 유념해야 합니다. 나는 하루의 끝을 머릿속으로 돌려보면서 생산적으로 보냈을 때와 온종일 스마트폰을 만지작거리며 할 일을 미뤘거나 그날 내가 달성하려는 목표에 도움이 되지 않는 디지털 기술에 쉽게 주의를 빼앗겼을 때 각각 어떤 기분을 느낄지 상상합니다. 전자의 경우에는 성취감과 충만감, 행복을 느낄 것이고 후자의 경우에는 시간을 낭비하고 시간을 효율적으로 사용하지 않은 탓에 다음날 할 일이 쌓여서 짜증이 나겠지요."

— '스마트폰이 없는 책상'을 실천한
뉴질랜드 출신의 조비타

생각해 볼 문제

시도하기로 결심한 실천법을 반드시 완수하려면 어떻게 해야 할까?

1장

집중력과 생산성을 높이는
테크 라이프 밸런스

우리는 그 어느 때보다도 일을 많이 하지만, 처리하는 일은 그 어느 때보다도 적다. 우리가 바쁘다고 '느끼는' 이유는 정보를 닥치는 대로 모두 처리하기 때문이다. 회의에 참석하는 와중에 이메일을 주고받는다. 채팅과 소셜 미디어에서 나누는 사적인 정보와 업무 문서 및 의사소통 사이를 (언뜻 보기에는) 매끄럽게 오간다. 온종일 바쁘게 보내느라 퇴근 무렵이 되면 녹초가 되기 일쑤지만 실제로 무엇을 해냈는지는 잘 모르는 사람이 많다.

이렇게 바쁘다는 느낌을 생산성으로 오해해서는 안 된다. 끊임없이 바쁜 상태로 일하면 스트레스에 시달리게 될 뿐만 아니라 생산성에도 타격을 준다는 연구 결과가 있다.

심층 업무와 표층 업무

심층 업무deep work란 인지 능력을 발휘하도록 깊이 몰두해서 어떤 활동을 수행하고, 이로써 새로운 가치를 창출하고 기술을 향상하는 경우를 말한다. 이런 노력의 성과는 베끼기 어렵고, 심층 업무를 하려면 집중을 방해하는 요소가 없는 환경이 마련되어야 한다. 안타깝게도 우리는 심층 업무와 정반대인 표층 업무shallow work를 하면서 너무 많은 시간을 보내곤 한다. 표층 업무는 인지 능력이 많이 필요하지 않고 새로운 가치를 좀처럼 창출하지 않는 단순한 작업이다 (물론 그런 작업이라도 중요할 수 있다). 우리는 주의가 산만할 때 이런 작업을 자주 수행한다. 표층 업무 역시 필요한 일이다. 통상 업무도 해야 하고 온종일 심층 업무만 하면서 보낼 수는 없기 때문이다. 표층 업무를 너무 많이 할 때 따르는 문제는 바쁘다고 느끼고 심지어 스트레스를 받으면서도 좀처럼 경력이 돋보이는 성과물을 내기가 어렵다는 데 있다.

멀티태스킹

당장 주위만 둘러봐도 스크린이 여러 개 있고 통신 수단은 셀 수 없이 많으며 365일 24시간 내내 손안에 오락거리를 쥐고 사는 요즘, 멀티태스킹multitasking은 초강력 유행어다. 내가 직장 생활을 시작할 당시에는 멀티태스킹이 대단히 바람직한 기술로 여겨졌고, 면접을 볼 때 멀티태스킹을 얼마나 잘할 수 있냐는 질문을 자주 받았다. 하지만 알고 보니 실제로 멀티태스킹을 할 수 있는 사람은 약 2.5퍼센트에 불과한 것으로 나타났다. 나머지 사람들은 여러 업무를 사실상 '번갈아' 수행하고 있을 뿐이며, 이런 행위는 뇌의 효율을 떨어뜨리고 더 많은 실수를 유발하며 기력을 소진한다. 게다가 멀티태스킹을 하려고 하면 심장박동수가 높아지고 항상 초긴장 상태를 늦추지 못할 가능성도 크다.

　멀티태스킹을 하려는 노력은 창의력에도 타격을 준다. 여러 업무를 번갈아서 하려면 작업 기억working memory(뇌 저장 공간)이 많이 필요하므로 창조적 사고 능력을 깎아내릴 가능성이 있다. 항상 여러 업무를 번갈아 수행하면서 뇌 저장 공간을 많이 사용하면 마음에 긴장을 풀고 '깨달음의 순간'으로 이어지는 참신한 아이디어를 떠올리기가 어렵다는 사실을 고려할 때 이는 무척 일리가 있는 분석이다.

방해로 인한 손실

예전에는 '방해'라고 하면 걸려오는 전화나 수다스러운 동료 정도였지만 요즘은 디지털 수단으로 인해 그 빈도와 종류가 한층 많아졌고, 그로 인한 손실은 거대하다. 캘리포니아대학교 어바인 캠퍼스 교수 글로리아 마크Gloria Mark는 이와 관련된 연구를 많이 실시했고, 그 결과 방해를 받은 다음에 업무로 돌아가기까지 평균 23분 15초가 걸린다는 사실을 발견했다(!). 우리는 대개 일을 더 빨리해서 방해로 인한 손실을 메우려고 하지만, 그 과정에서 스트레스와 좌절감이 증가하고 점점 심한 시간 압박을 받으면서 업무가 너무 부담스럽다고 여기게 된다.

게다가 우리가 직면하는 집중 방해 요소는 외부에서 비롯되는 것에 그치지 않는다. 마크 교수는 거의 절반에 이르는 방해가 스스로 초래하는 방해라고 밝혔다. 업무 중에 뉴스를 확인하려고 브라우저를 열어놓거나 받은 메일함을 확인하는 행위는 스스로 초래하는 방해의 대표적인 사례다.

생각해 보자. 당신은 곤란한 이메일에 답을 하거나 한동안 미뤘던 프로젝트 계획을 쓰려고 자리에 앉았다. 순조롭게 시작해서 복잡한 과제를 조금씩 진행해 나간다. 하지만 초반의 열의와 에너지가 차츰 사라지고 나면 주의가 산만해지면서 업무 관련이든 사적인 일이든 다른 작업을 하기 시작한다. 이렇게 하는 이유는 사람마다 다르겠지만 즉각적인 만족 추구나 실패에 대한 두려움, 스트레스 등을 들 수 있다. 2016년에 실시한 한 연구에서 참가자들은 하루 평균 페이스북을 21번, 이메일을 74번 확인했다. 매번 '확인'할 때마다 집중력이 깨지고 작업을 오가느라 몇 분이 소요된다. 말할 필요도 없이 스스로 초래한 방해로 엄청난 시간이 낭비된다!

머릿속으로 여러 작업과 책무를 활발하게 생각할 때 성과가 감소하는 이유는 바로 '주의 잔류attention residue'라고 하는 개념에서 찾을 수 있다. 주의 잔류란 작업 1을 중단하고 작업 2를 시작했는데도 뇌가 작업 1과 관련된 과정을 계속 수행하는 현상이다. 그러니 일하는 속도는 당연히 느려질 수밖에 없다.

우리가 컴퓨터 스크린에 집중하는 시간의 중앙값은 약 40초. 현대인의 업무 수행 방식을 뇌 용량으로 탁구를 치는 일에 비유하는 사람도 있다. 우리는 끊임없이 주의를 이쪽저쪽으로 돌리면서 에너지를 낭비하고, 그러다 보니 몰입 상태에 빠져들어서 심층 업무라는 중요한 상태에 들어가기가 불가능해졌다. 우리 뇌는 탁구공과 달라서 방향을 바꾸는 데 시간이 걸리기 때문이다.

●●●●●

이번 장의 내용은 "많은 사람이 집중하고 동기를 발견해 업무를 완수하는 데 어려움을 겪고 있으며, 여기에 디지털 기술이 크게 한몫하고 있다"라는 한 문장으로 요약할 수 있다. 다행히도 생산성을 뒷받침하고 집중력을 높일 수 있는 실천 비법이 많이 있다!

1

알림 설정

1단계

집중력을 높이는 가장 쉬우면서도 효과적인 방법으로는 알림 설정을 들 수 있다. 스마트폰, 노트북, 태블릿, 웨어러블 등 어떤 기기에서도 가능하다(이에 관해서는 143쪽에서 자세하게 설명한다). 당신 생활에 진짜 가치를 더하거나 필요한 알림을 파악한 다음 나머지는 전부 *끄자*. 가족과 친구들에게는 미리 연락 방법을 알리도록 하자. 평소에는 특정한 소통 경로로 연락했을 때 즉시 답을 하다가 갑자기 답이 없으면 가족과 친구들이 불안해할지도 모른다!

"단 24시간 동안 알림을 *끄고* 스마트폰을 사용하는 것만으로도 눈에 띄게 집중력이 높아지고 스트레스 수준이 낮아질 수 있다."

– 카네기멜론대학교와 텔레포니카

성공 비결

요즘에는 스마트폰 설정에 다양한 프로필 옵션이 있어서
프로필에 따라 알림을 다양하게 설정하거나 알림을 분류
해서 특정한 시간대에 보이도록 할 수 있다.

전화, 문자, 페이스북 메신저, 직접 설정한 리마인더를
제외하고는 잠근 화면에 뜨는 알림, 배너, 소리, 배지(주
로 앱 아이콘 위에 숫자로 나타나는 알림 표시–옮긴이)를 전
부 꺼버렸어요. 그랬더니 주의가 산만해지는 일이 크게
줄었어요. 스마트폰, 심지어 워치에서까지 온갖 알림이
울리는 사람들과 함께 있을 때면 정말 실감하죠! 우리가
스마트폰을 통제하지 않으면 정말로 스마트폰의 노예
가 되고 말아요!

– 알림 관리를 실천한 뉴질랜드 출신의 필리파

2

디지털 기기를 쓰지 않는 휴식

2단계

공부를 할 때든 육체노동이나 사무 업무를 볼 때든, 지식을 완전히 소화하고, 뇌를 쉬게 하고, 새로운 아이디어를 떠올리려면 반드시 휴식해야 한다. 디지털 기기를 스크롤하고 있자면 도파민이 분비되고 업무 같은 다른 활동들을 '휴식' 하고 있으니 '느낌상' 느긋하게 쉬는 것 같겠지만, 실은 훨씬 더 많은 정보가 뇌에 입력된다. 직장에서 휴식은 협력적이고 모두를 어우르는 환경을 조성하기에 아주 좋은 기회다. 부담 없는 휴식은 기억력을 향상하고 스트레스를 줄이며, 에너지를 증진하고 웰빙과 창의력을 키우는 훌륭한 방법이다.

그러니 다음번에 당신이 휴식할 때는 디지털 기기도

휴식하게 하자! 동료들에게도 함께하자고 권한다면 한층 더 좋을 것이다!

"모두가 캠퍼스에 있을 때는 연달아 회의를 하면 한 장소에서 다음 장소로 걸어가야 하니 그 사이에 자연스럽게 쉬곤 했어요 ... 화면을 볼 때도 스스로 휴식할 시간을 갖는 게 중요하더군요. 그렇게 하면 다음 약속 시간 동안에 훨씬 더 집중이 잘 되는 느낌이에요."

― 듀크대학교 대학원 최고 재무 책임자
샤나 피츠패트릭

3

스마트폰이 없는 책상

1단계

2016년 카스퍼스키 랩Kaspersky lab에서 실시한 연구에 따르면 책상에서 스마트폰을 치우면 집중력을 26퍼센트까지나 높일 수 있다고 한다. 이 간단한 실천법은 관심을 사로잡는 스마트폰에서 벗어나 원하거나 필요할 때만 디지털 기기를 적극적으로 사용할 수 있는 훌륭한 방법이다. 사용한 다음에 그저 시야에 들어오지 않는 곳에 두기만 하면 된다. 물론 주머니는 제외다!

성공 비결

알림 설정 실천법(47쪽)과 결합해서 꼭 알아차리고 싶은 알림(전화벨 등) 소리는 켜두도록 하자.

서랍이나 가방 등 직장에서 사용하지 않을 때 스마트폰을 보관할 장소를 정해 놓자.

4

스마트폰 홈 화면을 비우자

1단계

스마트폰 홈 화면을 가득 채우고 있는 바로가기 아이콘들을 전부 지워 버리자! 앱 사용을 조금 번거롭게 하는 장애물을 설정하는 이 방법은 스마트폰 사용을 통제하고 좀 더 유념하도록 도와주는 단비와도 같다. 일단 홈 화면(잠금을 해제했을 때 처음으로 나타나는 화면)에서 모든 앱을 치우고 가장 적게 사용하고 싶은 앱들을 가장 멀리 숨기자. 이는 스마트폰 잠금을 해제했을 때 당신의 관심을 끌려는 앱이 나타나지 않도록 홈 화면을 비우는 방법이다. 앱 삭제에 관한 정보는 115쪽을 참조하자.

"그냥 눈에 띈다는 이유로 앱을 열 때가 많다. 홈 화면을 비우면 그냥 무심결에 앱을 확인하는 상황을 피할 수 있다. 게다가 인간은 게을러서 다운로드하고 로그인하는 수고를 번거롭다고 느끼는 경우가 많으니 이는 확실한 방법이다."

— 온라인 잡지 〈스핀오프〉 'IRL' 시리즈 편집자
매들린 홀든이 앱 삭제에 관해 쓴 글

5

스마트폰을 흑백으로 바꾸자

2단계

우리 뇌는 선명하고 빛나는 물체를 보면 흥분하도록 타고 났다. 색채는 우선순위와 감정을 이해하는 데 중요한 역할을 한다. 따라서 스마트폰을 흑백으로 바꾸는 이 단순한 방법이 스마트폰의 중독성을 낮추는 데 생각보다 효과적일 수 있다. 앱과 게임, 게시물이 시각적인 매력을 잃으면 스마트폰을 사용하는 재미가 떨어지고, 긍정적인 강화가 일부 제거되며, 스마트폰을 내려놓고 정말로 하고 싶은 일에 관심을 집중하기가 더 쉬워진다. 그냥 검색창에서 '흑백'과 스마트폰 모델명을 검색하면 설정 방법을 알 수 있다! 배터리 수명 향상은 덤이다! 컬러 콘텐츠를 보고 싶을 때는 흑백 모드를 빠르게 껐다 다시 켜면 된다.

"이틀 동안 흑백 모드를 사용해 보니 쉴 새 없이 스마트폰을 확인하던 횟수가 놀라울 만큼 줄어들었다. 어쩌면 스마트폰 성능을 조금 떨어뜨리는 것이 스마트폰 집착을 깨는 방법 중 하나일지도 모르겠다. 알고 보니 우리는 화려한 색채에 흥분하는 단순한 동물이었다."

― 〈뉴욕 타임스〉 기술 칼럼니스트이자
자칭 스마트폰 중독자 닉 빌턴

6

스마트폰 없는 회의

2단계

온라인 회의나 대면 회의에 참석할 때 회의와 회의에 참석한 사람들에게 온전히 집중할 수 있도록 스마트폰 없이 회의를 진행하자. 대부분 단체가 이 정책을 채택하는 것이 바람직하다. 회의가 지루해지거나 불필요하다고 느껴질 때 스마트폰을 집어 들고 싶은 충동을 느낀다면 관찰력이 뛰어난 사람이다! 동료들에게 이 느낌을 이야기하면 그들도 공감할 것이고 스마트폰에 시간을 낭비하는 대신 전반적인 회의 문화와 관련해 생산적인 논의를 나눌 수 있을 것이다. 회의가 너무 많거나, 너무 길지는 않은가? 혹은 직접 관련이 없는 사람들까지도 회의 참석 대상에 들어가지는 않는가?

"이 도전은 스마트폰 사용법을 재설정하는 좋은 계기였습니다. 업무 시간 동안 스마트폰을 눈에 띄지 않는 곳에 치워두니 업무에 좀 더 집중하면서 좀 더 생산적인 하루를 보낼 수 있었고 덕분에 좀 더 충실하게 하루를 마감할 수 있었습니다."

— 스마트폰 없는 책상과 회의를 실천한
뉴질랜드 출신의 조비타

7

싱글태스킹

2단계

싱글태스킹single-tasking은 멀티태스킹의 해독제이다. 싱글태스킹은 여러 작업을 끊임없이 오가고, 인지 에너지를 낭비하며, 바쁘지만 정작 결과물을 내지 못하는 대신에 각 작업에 꼭 필요한 주의력을 기울이는 방법이다. 이 방법은 전반적인 스트레스를 줄이면서 집중력과 생산력을 높인다.

다음번에 어떤 작업을 할 때는 언제 마음이 그 작업에서 벗어나는지에 유의하면서 다시 집중력을 가다듬을 수 있도록 노력하자. 처음에는 자기도 모르는 사이에 다른 작업으로 옮겨갈 수도 있지만 점차 이를 알아차리기 시작할 것이고 결국에는 미리 대처해서 애초에 주의력이 흐트러지지 않도록 하는 기술을 연마할 수 있을 것이다.

하지만 만약 여러 작업을 오가고 싶은 충동을 지속적으로 느낀다면 이는 휴식이 필요하고, 밖으로 나가 건강하게 세로토닌과 엔도르핀을 보충해야 한다는 유용한 신호일 수 있다는 점을 명심하자!

8

집중력을 높이는 포모도로 기법

2단계

시간과 작업을 일정한 단위로 분할하는 타임복싱timeboxing은 생산성을 향상하고 심층 업무에 빠져들도록 하는 훌륭한 방법이다. 차일피일 미뤘던 해야 할 일에 착수하는 좋은 방법이기도 하다.

포모도로 방법Pomodoro method(포모도로는 토마토를 뜻하는 이탈리아어로, 이 명칭은 토마토 모양의 주방 타이머에서 비롯됐다)은 25분 동안 작업하고 5분 동안 휴식하도록 시간을 나눈다. 이 기법은 개선할 수도 있고 한층 더 개량한 앱도 있지만 가장 단순한 방법은 타이머를 25분으로 설정하고 일을 시작하는 것이다! 타이머가 울리면 그 어떤 새로운 정보도 소비하지 않으면서 5분 동안 휴식한다. 스마트폰 앱을 사용하면 효율적이지만 주의가 산만해지지 않도록 스마트폰을 치워놓을 수 있다는 점에서 온라인 타이머가 더 효과적이다.

성공 비결

집중하려고 할 때 무엇이 가장 주의를 산만하게 하는지 생각해 보자. 전화에서 울리는 알림? 수다스러운 동료? 가족? 미루는 습관? 끊임없이 몰려드는 이메일?

어차피 주의는 산만해질 것이라고 단념하는 대신, 당신이 직면한 주요 난관을 찾아내서 이를 줄일 수 있도록 노력하자. 조용한 곳으로 가거나 스마트폰의 집중 모드를 활용하거나 이메일을 꺼두자. 심지어 책상 위에 '방해하지 마시오!'라고 써 붙이는 사람도 있다.

휴식 시간에는 뇌가 지나치게 자극받지 않도록 꼭 디지털 기기 사용을 피하도록 하자.

9

5분 기법을 활용하자

2단계

인스타그램 CEO 케빈 시스트롬Kevin Systrom을 비롯한 여러 유명인들이 사용하는 5분 기법은 어떤 작업을 선뜻 시작하기 힘들거나 계속해서 미루게 될 때 자기 자신과 하는 협상이다.

5분 기법이란 무엇일까? '무슨 일이 있어도' 5분 동안은 해당 작업에 몰두하겠다고 자기 자신과 협상하는 것이다. 타이머를 설정하고 일단 시작하자.

5분이 흐른 뒤면 작업을 마쳤거나 작업에 몰입했거나 둘 중 하나일 가능성이 높다.

10
이메일 사용 시간을 정해두자

2단계

근무일에 이메일을 확인하고 회신하는 시간대를 정해 놓자. 나는 이 작업을 하루에 두 번 오전 9시와 오후 2시에 하지만, 시간대를 좀 더 여러 차례 설정할 사람도 있을 것이다. 혹은 반대로 집중하고 싶은 몇 시간을 '제외'한 나머지 시간에는 이메일을 확인할 수도 있다. 핵심은 하루 중 일정 시간을 확보해서 지속적이고 스트레스를 유발하며 집중을 방해하는 이메일 접속 상태에서 벗어나는 것이다.

성공 비결

긴급한 용건이 있을 때 연락할 방법을 사람들이 알 수 있도록 명확하게 전달하자. 일단 당신이 즉시 대응하는 습관을 멈추면 당신의 대응 속도에 대한 사람들의 기대치도 서서히 바뀐다.

> "5일 동안 이메일을 사용하지 않은 다음에 연구 참가자들은 끊임없이 메시지를 읽고 회신하지 않으니 업무 통제력이 높아졌다고 느꼈다고 보고했다. 업무를 완료할 시간 역시 늘어났다고 응답했다."
>
> — 〈로스앤젤레스 타임스〉

11

똑똑한 이메일 서명 활용으로
기대치를 설정하자

1단계

발신 이메일 끝에 자동으로 첨부되는 서명은 당신이 이메일을 확인하고 회신하는 시간대 및 연락 수단 선택과 관련한 기대치를 설정하기에 아주 좋은 방법이다. 이메일을 회신하는 시간대를 구체적으로 설정하는 등 이메일을 균형 있게 사용하고자 이 책에서 소개하는 실천법을 실행하고 있는 경우, 이와 관련한 사항을 이메일 서명에 기재한다면 무척 유용할 것이다.

나는 내 이름과 세부 정보 아래에 다음과 같은 서명을 첨부한다.

집중력과 생산성을 최대한 높이고자 하루 중 대부분은

산만한 요소들을 차단하고 일합니다. 이메일은 보통 오전 9시와 오후 2시에 확인합니다. 즉시 회신이 필요한 용건은 ○○○－○○○○번으로 전화해 주세요.

12
이메일 알림을 끄자

2단계

컴퓨터 모니터 오른쪽 하단에 나타나는 작은 팝업창이나 새로운 메일의 도착을 알리는 스마트폰 알림 소리에 주의가 산만해진 적이 있는가? 이메일 알림은 많은 사람이 겪는 주요한 방해 요소이자 스트레스 요인이다. 이메일을 받으면 바로 확인해야 한다고 생각하기 쉽지만 '정말로' 곧장 확인해야 하는 상황은 그리 많지 않다.

이메일 알림 차단은 당신의 시간을 통제할 권한을 되찾고 노트북이나 스마트폰에서 새로운 메일이 왔다고 알리는 때가 아니라 당신이 원할 때 이메일을 확인할 수 있는 좋은 방법이다. 그냥 스마트폰과 노트북에서 이메일 알림 기능을 끄기만 하면 된다.

처음에는 무서울 수도 있지만 그래도 세상은 아무런 문제 없이 돌아간다는 사실만 기억하자!

성공 비결

이 사안을 동료나 상사가 받아들이지 못한다면 생산성과 집중력을 향상하기 위한 조치라고 말하자! 그렇게 말해도 반발이 있다면 모두가 합의할 수 있도록 단체 차원에서 회신 시간 기대치를 논의하도록 하자.

13
받은 메일함을 비우자

2단계

받은 메일함이 가득 차 있으면 이메일을 몇 번이고 다시 읽게 되므로 하루에 27분이 허비된다. 받은 메일함에 쌓인 메일은 주의를 산만하게 하고, 해야 할 일과 끝마치지 못한 업무를 계속해서 떠올리게 한다. 시간을 내서 받은 메일함을 확인하자. 메일을 전부 확인할 필요는 없지만 통제할 수 있을 정도로 해 두면 기분이 좋아질 것이다.

성공 비결

• 처리할 필요가 없다면 보관함으로 옮기거나 삭제하자.

- 사소한 용무라면 즉시 회신하거나 처리하자.
- 당장 처리할 수 없는 메일이라면 캘린더에 처리 시한을 지정해 두자(아웃룩은 이메일을 곧장 캘린더로 드래그할 수 있고 지메일에서도 클릭 몇 번으로 지정할 수 있다).

각자의 받은 메일함 상태에 따라서 몇 시간이 걸릴 수도 있지만 그만한 가치가 있다!

14

원치 않는 이메일은
구독을 해지하자

1단계

예전에 나는 뉴스레터와 홍보 이메일을 별생각 없이 그냥 쌓아뒀다. 구독을 해지하기로 결심하고 나서야 내가 받았던 쓸모없는 이메일의 '용량'이 얼마나 방대한지 깨달았다. 첫 번째 주에 구독 해지한 이메일만 해도 총 74건이었다! 개중에는 10년 전에 구매한 물품과 관련된 메일도 있었다. 언뜻 보면 이는 큰 영향력을 미치는 실천법 같지 않지만 생각해 보면, 일 년이면 우리는 원하지 않거나 무관한 이메일을 수백, 수천 통 받는다. 각 메일을 삭제하는 데 1초가 걸린다고 해도 쓴 시간을 합치면 커진다. 게다가 덤으로 주의까지 산만해진다!

뉴스레터나 홍보 이메일을 받을 때마다 '내가 이걸 읽

을까? 이게 필요한가?'라고 자신에게 물어보자. 대답이 '아니요'라면 구독을 해지하자. 언제라도 다시 구독할 수 있다.

성공 비결

클릭 한 번으로 해지할 수 있는 뉴스레터도 있고 다소 복잡한 경우도 있다. 포기하지 말자!

15

화상 회의할 때
셀프뷰를 끄자

1단계

회의에 들어갔는데 앉은자리 바로 앞에 거울이 있다고 상상해 보자. 회의하는 내내 자기 모습을 아주 가까이에서 보게 된다. 논의하는 안건에 집중할 수 있을까? 아니면 오늘 자기 모습이 어떤지, 정말로 당신의 코가 '그렇게' 큰지에 정신이 팔릴까?

온라인 회의가 크게 늘어나면서 다양한 이유로 부정적인 영향이 발생하고 있지만 이에 대처할 아주 간단한 비결 중 하나가 바로 스크린에 비치는 자기 모습인 셀프뷰를 끄는 것이다. 그렇게 하면 다른 사람들은 계속해서 당신을 볼 수 있지만 당신은 자기 자신의 모습을 회의 내내 보지 않아도 된다. 셀프뷰를 끄면 집중력과 주의력이 증가하는 동시

에 스트레스도 줄일 수 있다. 화상 회의 플랫폼에는 대부분
이 기능이 있으니 꼭 시도해 보자!

알고 있는가?

수많은 사람이 재택근무를 하고 화상 회의로 자기 자신의
모습을 보는 시간이 늘어나면서 성형수술이 급증했다. 미
국 안면성형 및 재건외과학회American Academy of Facial Plastic and
Reconstructive Surgery는 코로나-19 팬데믹으로 미국에서만 성
형수술이 10퍼센트 증가했다고 추정한다.

　"자기 모습을 숨기면 뇌가 휴식할 수 있습니다. 따라서
　논의하는 내용에 주의를 기울일 수 있습니다."

　　　　　　　　　　　　ー 듀크 대학교 교수 스콧 콜린스

16

소셜 미디어를 사용하는 시간을 정하자

2단계

소셜 미디어를 즐기는 것 자체는 괜찮다. 하지만 이를 기분 전환용으로 사용하면서 아무 생각이나 목적 없이 하는 사람이 너무 많다. 소셜 미디어를 사용하는 시간을 정해 놓으면 주의 산만을 줄일 수 있을 뿐만 아니라 더욱 즐겁게 사용할 수 있다.

소셜 미디어를 사용하는 '방법'과 사용해도 '되는' 시간대와 장소를 선택하자. 타이머를 맞춰놓고 시간이 되면 멈추자.

"소셜 미디어를 사용하는 시간을 정해 두고 나니 내가 얼마나 자주 스마트폰을 그냥 집어 들고 아무 생각 없이 스크롤하기 시작하는지 깨달았어요. 계속 실천하다 보니 실제로 소셜 미디어에 쓰는 시간도 줄어들었어요. 한참을 앉아서 소셜 미디어를 스크롤하는 자체가 이상하게 느껴졌거든요. 그러다 보니 어울리고 싶은 사람들과는 어울리지만, 인터넷을 하다가 시간 가는 줄도 모르거나 언짢은 댓글에 휘말리는 일이 없어져서 도움이 됐어요."

― 인텔리전트 잉크 총괄 관리자 겸 스토리텔러
베리티 크래프트

17

뉴스피드 차단 앱을 설치하자

1단계

페이스북이나 인스타그램, 유튜브 같은 플랫폼에 적용하는 피드 블로커feed blocker는 뉴스 피드에서 주의를 분산하는 내용을 모두 제거하고 댓글에 대한 답변, 게시물 업데이트, 메시지 회신 등 하고 싶은 작업에만 집중하도록 돕는다. 특정인이 무엇을 하는지 궁금하다면 언제나 그 사람의 프로필을 확인할 수 있다. 피드를 차단하면 소음이 줄어들고 소비하는 콘텐츠와 좀 더 의미 있는 관계를 구축할 수 있다.

뉴스피드를 차단하는 스마트폰 앱은 물론 노트북 브라우저용 플러그인도 있다. 그냥 인터넷에서 '뉴스 피드 블로커'나 '뉴스 피드 이래디케이터eradicator'를 기기 모델명과 함께 검색하면 나온다. 잠깐 스크롤을 하고 싶다면 일시적으로 블로커를 끄면 된다. 끝나면 꼭 다시 켜 두도록 하자!

'피드(feed, 먹이)'라는 단어를 잠깐 살펴보자. 피드가 무엇을 의미하는지 생각해 본 적이 있는가? 디지털 기술에서 피드 기제란 '새로운 입력 정보가 생겼을 때 이를 제공하는 작용'을 뜻한다. 물리적인 예로는 총에 탄창을 공급하는 탄띠를 들 수 있다. 소셜 미디어 피드와 뉴스 피드의 문제점은 '항상 새로운 입력 정보가 있다'는 점이다. 피드가 넘쳐나면 어떻게 될까? 꽉 차게 된다!

18

일정과 일정 사이에 간격을 두자

2단계

이 실천법은 사무실에서 일하는 사람에게도 중요하지만, 원격 근무하는 경우에는 한층 더 중요하다. 많은 사람이 기껏해야 30초 간격으로 연달아 온라인 회의에 참석하곤 한다. 각 회의 사이에 적어도 5분(그 이상이 바람직하다)은 간격을 두도록 하자. 그 5분 동안에는 스트레칭을 하거나 스크린 앞에서 벗어나도록 하자.

성공 비결

캘린더 일정에 휴식 시간을 넣도록 하자. 그 시간 동안에 연락이 닿지 않을 것이라고 다른 사람들에게 알려야 한다면, 미리 알리도록 하자. 일반적인 회의 시간을 1시간에서 45분 또는 50분으로 변경하는 것도 고려해보라. 그러면 회의의 질도 올라갈 것이다! 구글 캘린더를 비롯한 점점 더 많은 플랫폼이 '짧은 회의' 버전으로 이런 요구에 대응하고 있다.

19

원격 근무 시 가짜 통근을 해보자

2단계

통근에는 단점도 있지만 직장과 가정을 뚜렷하게 구분하는 기능도 있다. 재택근무가 많다면 가짜 통근을 시도해 보자. 그저 옷을 차려입고 밖으로 나가 10분 정도 걸으면서 마음을 가다듬고 일할 준비를 하면 된다. 집에서 직장으로 가는 기분을 좀 더 내려고 업무용 가방을 싸서 들고 나가는 사람들도 있다!

성공 비결

근무를 마친 다음에 다시 가짜 통근을 하면 일과를 좀 더 제대로 마무리하는 기분을 낼 수 있다.

> "가짜 통근은 본질적으로 사생활과 업무 시간을 구분하기 위해서 설계한 최적화된 아침 일과다. 이는 모든 것이 뒤섞인 듯 느껴지는 나날에 틀을 제공한다."
>
> — 〈포브스 잡지〉 아시라 프로사

20
브라우저 탭을 닫자

2단계

브라우저 탭을 너무 많이 열어놓는 바람에 너무 작아서 잘 보이지도 않은 적이 있지 않은가? 물론 나도 그런 경험이 있다.

브라우저 탭은 제멋대로 꼬리에 꼬리를 물고 이어지는 생각과도 같고, 계속 연달아 하나씩 열기도 너무 쉽다. 유용한 기능이지만 사용한 다음에는 꼭 닫아야 한다. 여러 탭을 열어놓으면 필요한 페이지를 찾기가 어려워지고 주의가 산만해진다. 게다가 소외 불안 증후군(FOMO 포모, Fear Of Missing Out의 줄임말로 뭔가를 놓치거나 소외될까 봐 두려워하는 심리 상태—옮긴이)에 빠지기도 하고 미처 보지 못한 모든 탭에 꺼림칙한 기분을 느끼면서 주의력과 집중력이 조금씩 그 탭들에 갇히게 된다. 이는 주의 잔류를 아주 잘 보여주는 사례다.

그러니 그런 탭들을 닫도록 하자. 무서운 기분이 들겠지만 할 수 있다! 매일 근무가 끝날 때나 열어놓은 탭이 다섯 개를 넘어가면 닫자. 내친김에 스마트폰 브라우저 탭들도 닫자! 도저히 못 닫겠다고 느껴지면 시간을 내서 각 탭을 찬찬히 살펴본 다음에 닫자. 진짜 필요한 탭을 닫았더라도 브라우저 방문 기록에서 쉽게 찾을 수 있다.

브라우저 탭을 일종의 '해야 할 일 목록'으로 활용하는 사람들도 있다. 그런 경우라면 작업(필요한 경우 URL을 포함)을 실제 해야 할 일 목록으로 옮기도록 하자. 그러면 한눈에 목록을 볼 수 있어서 작업을 계획하고 실행할 가능성도 증가한다.

"나는 〈뉴요커〉 잡지만큼 쌓인 읽을거리를 다 읽거나 올해의 베스트 앨범들을 아마존 뮤직 대기열에 추가할 때까지 몇 주, 심지어 몇 달 동안 브라우저 탭들을 계속 열어두곤 했다. 하지만 오늘 새로운 업무용 노트북을 구입할 예정이었던 터라 지난 주말 동안 브라우저 관리를 조금 하기로 결심했다. 탭들을 닫기 전에 10분 정도 각 탭을 처리해 보려고 하다가 결국에는 '에라, 모르겠다'

라고 말하고 전부 닫아버렸고… 그 즉시 자유롭다고 느
꼈다."

— 기자 겸 온라인 플랫폼 라이프해커 부편집장
조엘 커닝햄

21

조직이 테크 라이프 밸런스를
잡도록 돕자

2단계

직원들의 디지털 경계, 기대치, 습관을 명확하게 규정하면 조직의 생산성을 높이고 스트레스를 줄이며, 좀 더 활기가 넘치고 긍정적인 직장 문화를 조성할 수 있다.

먼저 다음과 같은 사항을 검토해 보자.

- 디지털 웰빙 그리고 테크 라이프 밸런스는 우리에게 어떤 의미일까?
- 우리 조직원들은 현재 본인의 테크 라이프 밸런스를 어떻게 평가할까?
- 디지털 기술로 인해 우리는 어떤 어려움을 겪고 있나?

- 이런 난관에 어떻게 대처할 수 있을까?
- 대내외적으로 우리 조직은 연락이 가능한 시간대와 대응 속도에 대해 어떤 기대치를 가지고 있나?
- 어떻게 하면 직원들이 직장 밖의 삶과 업무를 적절히 분리할 수 있을까?
- 어떤 연락망을 사용할까? 언제 전화를 하고, 언제 이메일을 보내며, 언제 채팅 메시지나 문자를 보낼까?
- 심층 업무의 가치를 논의해 보자. 어떻게 하면 팀 협업과 균형을 이루면서 개인의 생산성 및 집중력을 보호하는 기업 문화를 만들 수 있을까?
- 회의 중에 사용해도 되는 디지털 기술은 무엇일까?

"당신부터 솔선수범하십시오. 직원들이 휴일뿐만 아니라 업무 중에도 디지털 기기와 단절된 시간을 가질 수 있도록 접속을 끊는 시간의 중요성을 강조하고, 휴일 계획을 정기적으로 확인하며, 미리 이런 일정을 염두에 두고 계획을 세워야 합니다. 또한 업무 부하에 대해서 주기적으로 대화를 나눠야 하죠."

— 아데코 그룹 / 지속가능성 글로벌 책임자
카린 라이터

2장

테크 라이프 밸런스,
그리고 정신 건강

TECH

LIFE

BALANCE

중독과 디지털 기술

'스마트폰 중독'과 '소셜 미디어 중독'은 툭하면 오가는 말이지만, 사실 어떤 상태가 습관인지 중독인지 판단하기란 꽤 어려운 일이다.

생각해 보자. 아침에 커피를 마시면서 스마트폰으로 15분 정도 뉴스나 소셜 미디어를 훑어본다면 습관으로 볼 수 있다. 거의 매일 그 일을 하지만, 하지 않는다고 해서 세상이 끝나지도 않고 금방 그만둘 수 있다.

반면에 15분이 지난 뒤에도 대체로 그만두기가 어렵다면 중독으로 볼 수 있다. 직장에 지각하거나, 중요한 일을 게을리하거나, 디지털 기기 사용 때문에 사람들과 충돌하거나, 아침에 그 일을 못 했을 때 괴롭다고 느낀다면 문제가 있다고 볼 수 있다.

'디지털 기술 중독'이나 '인터넷 중독'은 임상에서 중독으로 보지 않지만 '인터넷 중독 장애Internet addiction disorder (IAD)'는 미국 심리협회American Psychological Association가 지정한 장애이고 '게임 장애Gaming disorder'는 세계보건기구World Health Organization가 인정한 장애다. 당신이나 당신과 가까운 사람이 인터넷 중독 장애를 앓고 있다고 의심된다면 의료인에게 문의하는 것이 최선이다. 불건전한 디지털 기술 이용은 다른 근원적인 문제와 관련이 있을 수 있다는 사실을 이해해야 한다. 디지털 기술 습관 변화와 근본 원인 진단 및 대처를 함께 다루는 전문 치료사, 상담사, 코치들이 있다.

> "마음 챙김 수련을 하면서 나는 불안이 인스타그램 중독에서 비롯된다는 점을 알 수 있었습니다. 소셜 미디어 인플루언서 겸 콘텐츠 창작자라는 내 직업이 정신 건강을 100퍼센트 해치고 있다는 것이 명백해졌죠."
>
> — 인플루언서에서 디지털 웰빙 코치 겸 마음 챙김 강사로 전직한 조지 세인트클레어

소셜 미디어

소셜 미디어만큼 온갖 사랑과 증오를 한 몸에 받으며 논란의 중심이 된 기술은 드물다.

스마트폰이 그토록 중독성을 지니는 가장 큰 이유로 소셜 미디어를 꼽는 사람이 많기도 하다. 소셜 미디어라는 용어만 보면 이를 사용함으로써 더 사교적인 사람이 될 것 같지만, 실은 외롭다는 느낌을 키우기도 한다. 하지만 이는 모두 사용하기 나름이다. 실제 인간관계 대신에 매일 하루에 몇 시간씩 소셜 미디어를 사용하면 외롭다는 느낌이 더 심해질 가능성이 크다. 하지만 기존 관계를 돈독히 하거나 새롭고 의미 있는 관계를 구축하는 데 사용한다면 소속감을 키울 수 있다. 세계 곳곳으로 흩어져 사는 가족, 친구들과 연락하거나 정서적 지원을 구하고 제공하는 데 소셜 미디어를 활용할 수 있다.

"기존 인간관계를 강화하고 새로운 사회적 친분을 구축하는 중간 기착지로 사용한다면 인터넷은 외로움을 감소하는 데 유용한 도구다. 하지만 실제 사회 세계에서 탈출해 상호 소통에 따르는 '사회적 고통'에서 벗어날 목적으로 소셜 미디어를 사용한다면 외롭다는 느낌은 증가한다.”

— 2017년 맨체스터 대학교와 시카고 대학교

단 소셜 미디어를 드나들지만 완전히 떨쳐버리기는 어려운 순환 고리에 빠지는 경우도 흔하다.

저절로 계속되는 AGT의 고리

무엇이든 불균형하게 사용하면 부정적이고 벗어나기 어려운 순환 고리에 빠지기 쉽다.

1. 우리는 스트레스가 심하거나 외롭거나 불안하다고 느낄 때 소셜 미디어를 사용하곤 한다. 그 순간에 기분이 좋아지고 지루함을 덜며 다른 사람들과 이어져 있다고 느끼기 쉽기 때문이다.
2. 이런 상황에서 소셜 미디어를 사용하면 부정적인 감정을 억압해 이에 대처할 수 없게 된다. 새로운 부정적 정서 및 불만, 고립감, 무능력감 같은 감정과 함께 소외 불안 증후군도 증가할 수 있다.
3. 이런 새로운 감정은 처음에 느꼈던 스트레스나 외로움, 불안을 키운다.

4. 이렇게 악화된 감정에서 벗어나고자 손쉬운 방법을 찾아 소셜 미디어를 더 많이 사용하고, 새로운 순환 고리가 시작된다.

정보 범람

1900년대까지 인류의 지식은 대략 100년마다 두 배로 증가했다. 하지만 1945년이 되면서 그 속도는 25년마다 두 배로 증가했고, 현재는 '사물 인터넷'이 발전함에 따라 곧 12시간마다 두 배로 증가할 것이라고 주장하는 사람도 있다! 과장일 수도 있겠지만 이는 우리가 살아가는 현대 사회에서 얼마나 방대한 정보를 입수하고 수집할 수 있는지를 말해 준다. 이런 정보 범람은 우리 웰빙에 영향을 미치고 사람들의 생활에 불확실성을 유발할 수 있는 복잡성을 야기한다.

정보 접근성은 축복인 동시에 저주이기도 하다. 지식과 정보가 너무나 빠르게 진화하고 변화하다 보니 오늘 배운 내용이 얼마 지나지 않아 불필요하거나 틀리게 될 수도 있다. 학생들은 아직 존재하지도 않는 일자리를 준비해야 할 수도 있다. 가짜 뉴스 때문에 정치인에 대한 불신이 생겨난다. 선택지와 대안이 넘쳐나는 바람에 '옳은 선택'을 하기란 불가능에 가까워졌다. 전 세계에서 축적되는 지식의 양뿐만 아니라 그런 지식이 우리 일상생활에 흘러들어오는 흐름 역시 기하급수적으로 증가하고 있다.

"대량 생산으로 우리는 엄청나게 방대한 정보에 쉽게 접근할 수 있게 됐다. 정보를 찾기란 더 이상 문제가 아니지만 이를 식별하고 선별하고 관리하기는 어렵다. 양은 증가하지만 질과 균형은 떨어진다. 이런 변화가 사람과 사회의 건강에 미치는 장기적인 영향은 아직까지 불분명하지만, 우리의 마음과 조직으로 들어오는 정보의 흐름을 관리할 방법을 찾지 못하면 부정적인 영향을 미치게 될 것이라는 의견이 다수다."

— 앤드루 휘트워스의 『Information Obesity』

디지털 기술 덕분에 365일 24시간 내내 세계 곳곳에서 일어나는 뉴스를 실시간으로 접할 수 있게 됐다. 예전에는 자기가 사는 작은 마을에서 일어나는 일밖에 몰랐지만, 시간이 흐르면서 우리가 접하는 뉴스의 범위는 지역과 국가로 확대됐고, 이제는 전 세계 어느 곳에서 무슨 일이 일어나고 있는지 언제든지 알 수 있게 됐다. 전 세계에서 일어나는 사건 사고 소식을 즉시 알 수 있는 상황이 표준이자 평범한 일상생활이 됐다. 하지만 뉴스 시청이 불안과 우울증, 스트레스 증가를 유발할 수 있다는 증거가 점점 늘어나고 있다. 뉴스가 중요할 때도 있지만 그렇지 않을 때도 있다. 하지만 대부분 우리는 어떻게 할 도리도 없이 부정적인 정보를 소비하고 있다.

우리가 받아들이는 정보의 대부분은 우리와 연관도 없고 의사 결정 과정과도 무관하다. 그럼에도 불구하고 우리는 모든 일에 대해서 의견을 가져야 한다는 착각을 하고 있고, 그 과정에서 헛된 노력에 시간과 에너지를 낭비한다. 현대 사회에서 정보에 노출되지 않기는 어렵다. 눈길을 사로잡는 콘텐츠를 끊임없이 퍼붓는 대형 스크린을 공공장소라면 어디에서든 쉽게 볼 수 있기 때문이다.

소외 불안 증후군

소외되지 않으려는 노력은 인간의 본능이다. 심지어 인류 역사 중에서 소외되지 않는 것이 생존에 필수적이었던 시기도 있었다. 정보가 넘쳐나는 이 시대에 소외 불안 증후군은 심각한 문제로 떠오르고 있다. 이런 두려움 때문에 우리는 누군가의 댓글이나 게시물에 즉시 응답하고, 초대를 놓치지 않고, 직장 동료들이나 친구들과의 대화에서 뒤처지지 않도록 소셜 미디어, 뉴스 플랫폼, 받은 메일함까지도 계속해서 확인하게 된다. 그러는 동안 소외 불안 증후군은 우리 웰빙을 저하하고 기분과 삶의 만족도에도 부정적인 영향을 미친다.

수면

침대에 누워 피드를 스크롤 하다 보니 눈 깜짝할 새에 새벽 2시가 된 경험이 있지 않은가? 전자기기가 수면을 방해한다는 사실은 알려진 지 이미 오래지만, AGT는 완전히 새로운 난관들을 가져왔다. 시간이 가는 줄 모르다가 취침 시간이 늦어질 뿐만 아니라 디지털 기기는 멜라토닌 생성을 방해해서 수면의 질과 양을 모두 떨어뜨린다. 멜라토닌은 저녁 무렵 인체에서 분비되는 천연 호르몬으로 피로를 느끼도록 해서 잠에 들게 한다. 유감스럽게도 디지털 기기 대부분이 내뿜는 블루라이트는 저녁 무렵 멜라토닌 생성을 줄이고 늦추기 때문에 졸음을 쫓고 각성 상태를 높인다. 또한 블루라이트는 수면 주기를 바꾸고 꿈을 꾸는 주기인 급속안구운동(REM)과 깊은 수면 시간을 줄일 수 있다.

예상과 다르게, 소셜 미디어를 마냥 스크롤하는 동안에는 긴장이 풀리지 않는다. 타고난 도파민 분비 기제 때문에 그 순간에는 기분이 좋아질 수도 있지만 곧 뇌를 자극해서 흥분하게 되고 긴장이 풀리기보다는 점점 더 많은 자극을 원하게 된다.

> "스마트폰을 확인하면 뇌를 자극하므로 점점 더 활발해지고 잠에서 깨어나게 됩니다. 아주 잠깐 확인하는 것만으로도 뇌가 반응해서 수면이 지연될 수 있습니다."
>
> — 수면 장애 전문가 의학박사 하닛 왈리아

의사 결정

가게에 치약을 사러 간다고 상상해 보자. 위생용품 코너에 도착해서 흘끗 봤더니 '수백' 종류에 이르는 치약이 있다. 스마트폰을 꺼내 온라인에서는 어떤 치약들을 판매하는지 찾아봤더니 더 많은 선택지가 있다. 강력, 저자극, 페퍼민트, 딸기, 미백, 베이킹소다 함유, 과산화수소 함유, 젤 타입, 플라스틱 미사용 포장, 100퍼센트 천연 성분, 활성탄 함유, 잇몸 복원, 충치 예방, 치석 방지 등 목록은 끝이 없다.

나와 비슷한 사람이라면 입을 벌린 채 서서 무엇을 골라야 할지 망설이고 있을 것이다. 어떻게 해야 최선의 결정을 내릴 수 있을까? 정말이지 선택지가 너무나 많다! 선택지가 많을수록 우리는 실수를 저질렀다고 느끼기 쉽고, 후회하는 마음에 사로잡히기 쉽다. 연구에 따르면 극대화자maximizer, 즉 항상 최선의 선택을 내리려고 애쓰는 사람은 만족자satisfier, 즉 적당히 괜찮은 해결책을 받아들이고 앞으로 나아가는 사람보다 우울해지기 쉽고 삶의 만족도가 낮은 것으로 나타났다.

기술이 발달하면서 우리는 선택지가 거의 무한한 시대를 살아가고 있다. 이토록 많은 선택지를 가졌던 세대는 지금까지 없었고, 인터넷과 소셜 미디어는 이토록 다양한 선택지를 생생하게 드러내 보이고 있다. 이는 일상적으로 하는 소비부터 중요한 인생 선택에 이르기까지 모든 일에 적용된다. 사람들은 틴더Tinder 같은 데이트 앱을 이용해 수많은 후보들 중에서 손쉽게 데이트 상대를 고를 수 있다. 세계어디에서 판매하는 옷이든 간단히 구매할 수 있다. 언뜻 보기에 간단한 구매를 하면서도 가격을 비교하는 데 몇 시간씩 쓸 수 있다. 게다가 전 세계에서 모집 중인 구인 광고도 열람할 수 있다.

그 결과는? 우리는 망설이다가 아무것도 못 하고, 가진 것에 만족하지 못하며, 이미 내린 결정을 후회한다. 대안이 증가하면 우리에게 도움이 되어야 하는 것 아닐까?

•••••

지금까지 AGT가 정신 건강에 어떤 식으로 영향을 미치고 있는지 살펴봤다. 개중에는 당신에게 해당하는 사항도 있었을 것이고, 새로운 관점도 있었을 것이다. 지금부터 디지털 기술 이용과 관련해 정신 건강을 향상할 수 있는 방법을 알아보고자 하니 자신이 처한 상황을 잘 생각해 보도록 하자!

22

목적의식을 가지고 소셜 미디어를 사용하자

1단계

소셜 미디어가 없었다면 나는 이 책을 쓰지 않았을 것이다. 수많은 사건이 연달아 일어나면서 나와 내 담당 출판인 앤드루 플래치Andrew Flach는 소셜 미디어와 이메일로 디지털 기술에 대해서 논의하기 시작했고, 그 논의가 이 책으로 이어졌다. 소셜 미디어는 우리에게 많은 것을 줄 수 있지만, 그것을 어떻게, 왜 사용하고자 하는지 스스로 아주 명확하게 정해 놓아야 한다.

해결책 중 한 방법은 소셜 미디어를 어떻게 사용하거나 제한할지에 대한 간단한 전략을 세우는 것이다.

1. 나는 소셜 미디어로 다음과 같은 것을 얻고 싶다:

2. 나는 다음과 같은 방법으로 원하는 것을 얻을 것이다:

3. 내가 소셜 미디어를 사용하고자 하는 장소와 시간은 다음과 같다:

4. 내가 소셜 미디어에 쓰고 싶은 총 시간은 다음과 같다:

2번 질문에 대답하기가 어렵다면 '수동적이고 아무 생각 없이 스크롤 하는 시간을 줄이고 친구/가족에게 직접 메시지를 보내거나 특정 관심사와 관련된 콘텐츠를 소비하는 시간을 늘린다'와 같은 제안을 할 수 있다. 이 밖에도 1번 질문에 대한 답변으로 이어지는 행동이라면 모두 테크 라이프 밸런스를 뒷받침할 것이다.

23

소셜 미디어 사용과 정보 소비에 대해 곰곰이 생각해 보자

1단계

다음 질문에 최대한 솔직하게 답변하자. 여기에는 정답도 오답도 없다.

1. 당신은 어떤 소셜 미디어 플랫폼을 사용하고 있는가?
2. 각 플랫폼에서 무엇을 하는가?
3. 각 플랫폼을 사용하는 시간은 얼마나 되는가?
4. 소셜 미디어를 생각할 때 어떤 기분이 드는가?
5. 소셜 미디어를 사용한 다음에 어떤 기분이 드는가?
6. 소셜 미디어 사용에 따르는 이득은 무엇인가?
7. 소셜 미디어 사용에 따르는 단점은 무엇인가?

소셜 미디어를 사용하지 않는 사람이라면 당신이 하루에 얼마나 많은 정보를 소비하는지 곰곰이 생각해 보자. 받아들이는 정보량이 감당하기 힘들다고 느끼는가, 아니면 균형을 잘 유지하고 있는가? 걸을 때 항상 음악이나 팟캐스트를 듣는가? 버스에서 뉴스를 읽는가? 점심 식사를 하면서 이메일에 답을 보내거나 소셜 미디어를 스크롤 하는가?

"스마트폰에서 가장 중독성이 있는 요소는 소셜 미디어라고 생각합니다. 전화에서 소셜 미디어를 빼고 나면 그저 카메라, 메신저, 지도, 음악 플레이어에 불과하죠. 스마트폰에 그런 기능만 있었더라면 우리가 스마트폰을 사용하는 시간은 완전히 달라졌을 겁니다. 우리 뇌는 그런 기능들에 그다지 중독성을 나타내지 않거든요. 우리 뇌는 다른 사람들이 하는 일에 중독성을 보입니다. 우리는 서로의 경험을 관찰하고 자기 경험을 어떻게 거기에 맞출 수 있을지 살펴보도록 진화되었습니다. 인류는 항상 그렇게 해왔어요."

— 마인드 컨설턴트 TJ 파워

24

소셜 미디어 플랫폼 수를 줄이자

1단계

어떤 소셜 미디어 플랫폼을 사용할지 의도적으로 결정한 적이 있는가? 아니면 새로운 앱이 출시되는 족족 그냥 다운로드하는 편인가?

이 실천법에서는 다음 질문들을 고려해서 어떤 플랫폼을 사용하고 싶은지 결정해 보자.

1. 이 플랫폼을 사용할 때 즐거운가?
2. 이 플랫폼에 원하는 이상으로 시간을 소비하는가?
3. 이 플랫폼을 쓰는 이유가 본인을 위해서인가, 다른 사람의 기대 때문인가? 플랫폼에서 나갈 때 어떤 기분이 드는가?
4. 이 플랫폼으로 의미 있는 관계를 맺을 수 있는가?

5. 이 플랫폼 때문에 스트레스를 받는가?

6. 이 플랫폼이 내게 중요한 목적에 도움이 되는가?

7. 이 플랫폼을 사용하지 않으면 어떤 일이 일어날까?

위의 '테스트'를 통과하지 못한 플랫폼은 삭제하자! 적어도 스마트폰에 설치한 앱은 지우도록 하자. 나중에 마음이 바뀌더라도 언제든지 계정은 유지할 수 있다.

어떤 플랫폼을 계속 사용할지 선택하는 기준은 개인의 필요와 선호에 따라 달라진다. 어떤 앱부터 살펴봐야 할지 추천받고 싶다면 보통 사진과 동영상을 공유하는 앱이 가장 중독성이 높다고 한다.

"예전에 나는 페이스북에서 사람들과 이야기하고 뉴스 피드를 스크롤 하면서 많은 시간을 보내곤 했습니다. 페이스북 앱을 지울 수 없는 이유로 이벤트를 놓친다거나 사람들과 연락이 끊긴다는 갖가지 핑계를 댔죠. 하지만 이런 핑계들을 극복하고 결국 앱을 지웠더니 그런 변명은 거짓이었더라고요. 여전히 가고 싶은 이벤트 소식을 들을 수 있었고, 여전히 중요한 사람들과 연락을 주고받았죠. 그저 온갖 소음만 차단됐어요."

— 언플러그드 공동 설립자 헥터 휴스

25

소셜 미디어를 사용하지 않는 시간을 정하자

2단계

소셜 미디어를 사용하지 않는 시간이나 장소를 스스로 결정하자. 이는 다양한 방식으로 실행할 수 있지만 다음과 같은 예시를 들 수 있다.

주말

직장이나 학교

특정 시간 이전의 아침 / 특정 시간 이후의 밤

버스 / 전철 승차 시

화장실에 갈 때(!)

성공 비결

무엇이 자신에게 효과가 있을지 판단하자. 평소 소셜 미디어를 활발하게 사용했던 시간에 소셜 미디어를 사용하지 않을 계획이라면, 특히 즉시 답을 받는 데 익숙한 사람들에게는 미리 알려주자. 이 실천법을 알림을 최소화하는 실천법과 함께 활용하자! 또, 스마트폰을 활용해서 소셜 미디어 금지 시간을 상기한다면 어떨까?

"첫 번째 주말에는 소셜 미디어를 완전히 끊고 아예 사용하지 않았어요. 두 번째 주말에는 소셜 미디어 플랫폼 상에서 대화에 회신하고 아이들이 잠자리에 든 이후에 사용했죠. 결론을 내리자면 첫 번째 주말과 그 이후로 방해받거나 소셜 미디어를 확인해야 한다는 충동을 느끼는 일이 없어서 훨씬 더 행복했어요. 소셜 미디어에 얼마나 많은 시간을 소비하고 있었는지, 그로 인해 다른 사람들과 함께하는 상황과 대화에 얼마나 소홀했는지 깨달았습니다. 이와 더불어 주변 사람들이 얼마나 스마트폰을 많이 쓰는지, 함께 있을 때 그런 모습이 얼마나 안 좋게 보이고 느껴지는지도 깨달았죠. 눈이 번쩍 뜨이는 경험이었고 균형 있는 디지털 기기 사용을 실천하게 된 계기가 됐습니다."

— 주말 동안 소셜 미디어 사용하지 않기를 실천해 본

스웨덴 출신 미카엘라

26

소셜 미디어 사용 시간을 제한하자

3단계

소셜 미디어에 쓰고 싶은 시간을 정해서 그 제한 약속을 지키자! 도움이 필요한 경우, 스마트폰 대부분에는 앱 사용 시간을 제한하는 기능이 있다. 물론 필요 이상으로 시간을 빼앗긴다고 느끼는 다른 앱에도 이 기능을 설정할 수 있다.

이렇게 하면 소셜 미디어가 더 재미있어질 가능성이 높다. 도파민 분비가 줄어들면서 뇌가 새로운 수준에 적응하고 소셜 미디어를 시간 때우기용이 아닌 특별한 활동으로 인식하게 된다.

성공 비결

빈 시간을 당신이 좋아하는 활동으로 채워서 그냥 제한하는데 그치지 말고 즐거움도 더해 보자. 자세한 내용은 140쪽에서 소개하는 건전한 도파민 대체물 찾기 실천법을 참조하자.

27

공유하지 '않고' 즐기자

2단계

어떤 경험을 하면서 이를 소셜 미디어에 공유하고 싶은 충동이 들면, 그것을 공유하려는 '이유'를 생각해 보자. 사랑하는 사람들과 경험을 공유하고 싶기 때문인가? 아니면 많은 사람이 그렇듯이 자신이 하고 있는 멋진 일을 다른 사람들에게 인정받고 '좋아요'를 받으면서 쾌감을 느끼려는 잠재의식에서 비롯된 충동인가?

　다음번에는 그런 기분에 사로잡혔을 때 애초에 사진이나 동영상을 찍지 않도록 노력해 보자. 그 경험을 포착하려고 애쓰는 대신에 온전히 현재에 집중하면서 그 순간을 만끽하자. 아니면 나중에 다시 볼 용도로 자기 자신을 위해서 사진을 찍거나 그 경험에 관한 감상을 곁들여 특정한 사람에게 보내 보자.

"자기 자신을 위해서 사진을 찍을 때(예를 들어 추억 기록
용)와 비교할 때 다른 사람과 공유할 의도로 사진을 찍
으면(예를 들어 소셜 미디어 게시용) 경험에 따르는 즐거
움이 감소한다. 공유할 의도로 사진을 찍으면 그 경험을
하는 동안에 자기표현 우려(self-presentational concern, 남
들에게 특정한 인상을 주려고 애쓸 때 생기는 걱정—옮긴이)
가 증가하면서 직접적으로 즐거움이 감소할 뿐만 아니
라 간접적으로 체험 참여도가 감소하기 때문에 이런 효
과가 발생한다."

— 〈소비자 연구 저널〉

28

스마트폰에서 앱을 삭제하자

1단계

저자이자 정리 전문가인 곤도 마리에Marie Kondo는 "집 안에 있는 모든 물품은 제각각 용도가 있거나 설렘을 줘야 합니다."라고 말한다. 곤도는 집 안 정리를 도와서 많은 사람의 인생을 바꿨고, 우리의 디지털 '집'인 스마트폰도 예외는 아니다.

스마트폰에 있는 앱들을 하나씩 살펴보자. 그 앱을 사용하는가? 사용하지 않는다면 선택은 간단하다. 삭제하자!

그 앱이 용도가 있거나 설렘을 주는가? 만약 그렇다면 그대로 두자! 그렇지 않다면 당장 몰아내자!

다음으로 노트북에 설치한 소프트웨어들도 살펴보면서 같은 과정을 수행하자.

삭제한 앱들을 노트에 적어두자!

앱이 당신에게 설렘을 주는지 아닌지를 결정하도록 도와줄 수는 없지만, 앱에 용도가 있는지 판단하는 데 도움이 필요하다면 스마트폰에서 해당 앱을 마지막으로 사용한 때가 언제인지 통계를 확인해 보자. 긴장할 필요는 없다. 간절하게 그리워진다면 언제든지 다시 설치할 수 있다!

알고 있는가?

스마트폰 사용자는 평균 80개 이상의 앱을 설치하고 있지만 매일 사용하는 앱은 9개, 매달 사용하는 앱은 30개에 불과하다.

29

귀여운 배경 사진을 지우자

2단계

너무 가혹한 소리라는 건 나도 안다. 예전에는 나도 스마트폰에 멋진 케이스를 씌우고 첫째 아들의 귀여운 사진은 잠금 화면에, 둘째 아들 사진은 배경 화면에 깔았다.

그러던 어느 날 스마트폰을 집어들 때마다 가슴이 찡한 순간이 떠오르고 따뜻하고 뭉클한 감정이 생긴다는 사실을 깨달았다. 도구에 불과한 스마트폰과 아이들에 대한 사랑을 연관 짓도록 나 자신을 몰아가고 있다는 사실을 깨달았을 때 어처구니가 없었다.

이 방법을 실천하기 위해 자녀, 배우자, 반려동물 사진을 스마트폰 배경 화면과 잠금 화면에서 지우자. 노트북에 애착을 느낀다면 노트북 배경 화면에서도 지우자.

여전히 그리워할 것 같은가? 그렇다면 옛날 방식대로 사진을 인쇄해서 지갑에 넣어 다니면 어떨까?

30
도움을 주는 잠금 화면을 깔자

1단계

귀여운 배경 화면과 잠금 화면을 지우는 데 그치지 않고 한 발짝 더 나아가고 싶다면 의식적으로 디지털 기술을 사용하려는 당신의 여정을 지원하는 메시지를 잠금 화면에 깔아 보자.

www.tainobendz.com/lockscreens에서 몇 가지 이미지를 무료로 다운로드할 수 있다.

31
수면을 되찾자

2단계

이런 장면을 머릿속으로 떠올려 보자. 저녁 9시에 넷플릭스 드라마를 보고 있었는데 문득 정신을 차려 보니 한밤중이다. 아니면 밤 10시 무렵 잠자리에 들기 전에 스마트폰을 확인하려고 했을 뿐인데 잠깐 스크롤하던 사이에 두 시간이 훌쩍 지나갔다.

AGT는 우리가 의도하는 이상으로 밤늦은 시간까지 잠 못 들게 붙들어 놓으면서 수면의 질에 부정적인 영향을 미치고 있다. 여기에는 야근하고 하룻밤에 몇 시간밖에 자지 못하는 상황을 미화하는 현대 사회의 문화도 일조한다. 우리는 주변 환경을 통제하면서 원하는 것을 원할 때 얻는데 익숙해졌지만, 수면은 여전히 우리가 통제할 수 없는 동시에 우리 건강에 필수적인 것 중 하나다.

생각해 볼 문제

현재 수면 습관을 생각해 보고 이에 만족하는지 그렇지 않은지 살펴보자. 잠들기가 어려운가? 한밤중에 잠에서 깨어 온갖 잡념에 시달리는가? 아침이 밝아올 무렵이면 피곤한가, 정신이 또렷한가? 디지털 기기 사용이 수면에 영향을 미치고 있는가?

32

디지털 기기가 없는 침실

2단계

이는 아주 단순한 비결이지만 커다란 효과를 발휘할 수 있다. 2018년에 실시한 한 연구에서 참가자들은 스마트폰을 침실 밖에 두자 수면이 개선되고 불안이 줄어들며, 인간관계가 좋아지고 시간 낭비를 줄일 수 있었다고 말했다.

자기 전에 책을 읽는 용도로만 쓰는 태블릿은 어떨까? 그런 태블릿을 쓸 때 신경이 곤두서는지 긴장이 풀리는지 판단할 사람은 당신뿐이다. 하지만 그밖에 모든 태블릿과 텔레비전, 스마트폰은 모두 침실 밖으로 몰아내자!

"매일 밤, 나는 스마트폰을 침대로 가져가 말 그대로 눈이 감길 때까지 손에 쥐고 있곤 했습니다. 심지어 잠이

들면서 스마트폰을 내 얼굴에 떨어뜨린 적도 몇 번 있었죠! 침실에 스마트폰을 들이지 않기란 어렵다고 생각했지만 사실 그렇지 않았습니다. 생각지도 못했던 이득도 있었고요. 집 안에 가슴이 답답한 기분이 들지 않는 공간을 확보해 두니 불안감이 줄어드는 데 도움이 됐어요. 그 덕분에 잠도 더 잘 자고 책을 읽는 습관도 되찾고 배우자와 아이들에게도 더 충실해졌어요."

　　　　　　　－ 스마트폰 없는 침실을 시도한 뉴질랜드 출신의 조Zoe

조Zoe가 귀띔하는 성공 비결

우선 하룻밤 걸러 하루씩 침실에서 스마트폰을 사용하지 않거나, 평일에만 실시하다가 천천히 매일 밤 실시하는 형태로 옮겨 가자.

- 일어나자마자 스마트폰을 확인할 수 있도록 하자. 나는 밤새 충전해 두고 아침 식사 전에 확인하곤 한다.
- 침대 옆에 포스트잇과 펜을 둬서 스마트폰으로 해야 할 일이 떠오르면 아침에 할 수 있도록 적어두자.
- 잠자리에 들기 전에 할 만한 기대되는 일이 생기도록 정

말 마음에 드는 책을 찾아보자. 이렇게 하면 즐길 거리인 스마트폰이 없어도 손해라는 기분이 들지 않을 것이다.

33

알람 시계를 마련하자

1단계

말 그대로다. 그냥 마련하자. 수면 일정을 조정하는 데 도움이 되는 진짜 시계라면 5달러짜리든 200달러짜리든 상관없다. 스마트폰 알람 앱은 제외다. 스마트폰은 당신의 잠을 방해하기 때문이다!

34
스마트폰을 완전히 끄자

1단계

마지막으로 일부러 스마트폰을 끈 적이 언제였는가? 무음 모드나 절전 상태가 아니라 전원을 '끈' 것은? 대부분이 "기억이 안 나요!"라고 대답할 것이다. 스마트폰 전원 끄기는 스마트폰(과 당신의 뇌)에게 누가 책임자인지 보여주고 스스로 통제감을 구축하는 간단한 비법이다.

그러니 그냥 전원을 끄자.

지금 당장.

기분이 어떤가?

디지털 기기를 항상 켜두거나 대기 및 절전 상태로 해

두면 다시 사용하기는 편하지만, 완전히 끝을 맺거나 새롭게 시작하지 않으므로 스트레스와 작업이 하루하루 계속해서 쌓이게 된다.

잠시 시간을 내서 매일 디지털 기기 사용을 종료하도록 하자. 브라우저 탭을 닫고, 진행 중인 작업을 저장하고, 열어놓은 모든 앱을 종료하고, 디지털 기기 전원을 끄자.

"책에 열중하는 것과 스마트폰에 열중하는 것의 차이는 무엇일까요? 책도 사람을 끌어당기는 힘이 있고 도파민을 분비하게 하지만, 책은 덮어도 금단 증상이 나타나지 않아요. 독서에서 도파민을 얻으려면 노력이 필요하죠."

— 저자, 강연자 겸 학습하는 뇌 전문가
안나 테벨리우스 보딘

127

35
디지털 기기 사용 중지 시간

2단계

잠자리에 들기 30분 전에 스크린 사용을 중지했을 때 얻을 수 있는 수많은 장점이 있다.

취침 전에 가장 많이 사용하는 디지털 기기는 보통 스마트폰이지만 태블릿과 텔레비전도 영향을 미친다. 평소 취침 시간 30분 전에 텔레비전을 끄고 노트북과 태블릿, 스마트폰을 치우자. 같이 사는 사람이 있다면 함께 실천하면서 디지털 기기를 사용하지 않는 활동을 같이하자. 디지털 기기에 야간 모드/취침 모드를 예약해 두고 취침 시간 30분 전에 "취침 시간이니 디지털 기기를 치우세요!"라고 알리는 알람을 설정하면 좀 더 쉽게 성공할 수 있다.

한 발짝 더 나아가고 싶다면 흥분되는 활동 대신에 수

면을 촉진하는 활동으로 편안한 수면 일과를 다져보자.

"흥미로운 도전이었습니다. 평소라면 뉴스를 읽고 인스타그램을 확인하고 정보를 얻으려 인터넷을 검색했을 겁니다. 취침 30분 전부터 디지털 기기를 사용하지 않기로 하면서 나는 책을 세 권 읽었고 이렇게 하려고 마련한 시간과 공간이 정말 마음에 들어요. 책을 읽지 않은 지 적어도 6개월은 됐었거든요. 예전처럼 뉴스를 확인하는 데 집착하지 않게 됐고 전보다 스크린 타임을 훨씬 의식하게 돼서 인스타그램을 삭제할까 생각 중이에요. 이제는 이런 변화가 완전히 자리를 잡았고, 스크린 타임 감소와 일상 속 변화를 즐기고 있어요."

— 취침 30분 전부터 디지털 기기 사용하지 않기를 실천한
뉴질랜드 출신의 메리

36

디지털 기기를 사용하지 않는 아침

2단계

침대에서 눈을 뜨자마자 상사와 동료들, 친구들, 뉴스 앵커, 연예인이 당신에게 말을 걸어와서 잠에서 제대로 깨기도 전에 뇌에 온갖 정보가 입력된다고 상상해 보자. 어떤 기분이 들까? 하루가 어떻게 시작될까?

이것이 바로 우리가 아침에 눈 뜨자마자 스마트폰을 확인할 때 하는 행동이다.

아침에 기분이 어떻든 간에 그 기분은 대체로 온종일 지속된다. 스트레스를 받거나 나쁜 기분으로 하루를 시작하면 대개는 그렇게 언짢은 기분으로 하루를 마감하게 된다. 행복하거나 차분하게 하루를 시작하면 그 상태를 그대로 유지할 가능성이 높고 더 생산적인 하루를 보내게 된다.

그러니 아침에 눈을 뜬 다음 15분 동안은 디지털 기기들을 사용하지 말고 당신의 하루를 되찾자! 기상 직후 시간을 어떻게 보낼지 신중하게 선택하고 하루 계획 세우기, 샤워, 커피 내리기, 아침 식사, 명상, 독서, 친구에게 전화하기 등 기분이 좋아지거나 도움이 되는 활동을 하도록 하자.

"평소에는 눈을 뜨자마자 침대에 누워 이메일부터 확인했어요. 그렇게 하면 한 걸음 앞서 나갈 수 있다고 생각했지만, 스트레스도 받았죠. 그런 다음에는 아무 생각 없이 소셜 미디어를 확인하기도 했어요. 이 도전을 시도한 2주일 동안에는 전날 밤에 미리 다음날을 준비했어요. 여전히 스마트폰을 알람으로 사용했지만 알람을 끄고 나서는 아침 시간에 스마트폰을 쓰지 않았죠. 훨씬 더 건전한 방법처럼 느껴졌고 차분하고 즐거운 아침 시간을 보내게 됐어요. 처음 며칠을 깜빡하고 스크롤을 시작했지만 지금은 항상 염두에 두고 '스마트폰을 확인하지 말고 아침 시간을 즐길 거야'라고 의도적으로 생각하면서 일어납니다. 이 실천법에 점수를 매긴다면 10점 만점에 9점이에요!"

― 디지털 기기를 사용하지 않는 아침을 시도해 본
스웨덴 출신의 야스민

37

뉴스 소비를 줄이자

1단계

매일 소비하는 뉴스의 양을 제한하는 것은 생활에서 디지털 소음을 줄이는 좋은 방법이다. 먼저 현재 뉴스를 소비하는 이유와 방식을 확인하고 다음 질문에 답해 보자.

- 무엇이 뉴스를 확인하고 싶은 충동을 느끼게 하는가?
- 뉴스 채널들을 몇 개나 사용하고 있는가?
- 뉴스를 확인하는 데 얼마나 많은 시간을 보내는가?
- 뉴스를 확인할 때 어떤 기분을 느끼는가?
- 뉴스가 세상을 더 잘 이해하는 데 도움이 되는가?
- 뉴스가 더 바람직한 결정을 내리도록 돕는가?

특히 많은 뉴스를 소비하는 데 익숙한 사람이라면 최신 정보를 입수하면서 가슴이 답답한 기분이 들지 않도록 균형을 잡기란 어려울 수도 있다. 자신에게 맞는 뉴스 소비 수준을 찾아보자.

저녁 텔레비전 뉴스로 돌아가는 사람도 있고, 지역 뉴스에 초점을 맞추는 사람도 있겠지만, 뉴스 앱 하나로 하루에 한 번 30분 동안만 확인하도록 제한해야 할 사람도 있을 것이다.

"내가 스마트폰에 뉴스 관련 앱을 그렇게 많이 깔아놓았다는 걸 알고 정말 놀랐어요. 그렇게 많을 필요는 없거든요. 뉴스 소비를 줄이기로 하면서 접속하는 뉴스를 제한할 수 있었어요. 그렇게 해도 뒤처진다는 기분은 들지 않더라고요."

— 뉴스 소비 줄이기를 시도한 뉴질랜드 출신의 매들린

38
디지털 디톡스를 실행하자

2단계

디지털 기기에서 완전히 벗어나는 휴식 시간을 가지면 일상생활에 도움이 되는 건전한 습관을 장기적으로 구축하는 데 도움이 될 수 있다. 처음에는 불안하다고 느낄 수도 있지만 일단 할 수 있다는 것을 깨닫고 나면 스트레스가 줄어들 것이다.

디지털 디톡스는 다양한 방식으로 실행할 수 있다. 디지털 기기 없이 주말 동안 어디론가 떠나기란 도저히 불가능하다고 느껴진다면 집에서 좀 더 가볍게 실행해 보자. 예를 들어 하루 동안 스마트폰을 쓰지 않거나 소셜 미디어를 끊어 보자. 이보다 더 좋은 방법은 하루 일과 속에 자연스럽게 디지털 휴식 시간을 끼워 넣는 것이다. 스마트폰을 쓰지 않는 휴식 일정을 잡고, 매일 저녁 8시 이후에는 인터넷을 사용하지 않으며, 디지털 기기를 쓰지 않는 장소나 시간대를 설정하자.

"일주일에 하루는 전자기기를 사용하지 않는 것이 내 인생의 비결입니다. 우리 가족은 그 하루로 토요일을 선택했어요. 토요일은 진짜 주말처럼 느껴지기 때문이죠. 일요일만 해도 사람들이 다음 주에 일어날 일들을 질문하기 시작하니까요.

그래서 금요일 밤이 되면 아내와 나는 우리 디지털 기기와 아이들의 디지털 기기들을 모아서 잠금장치가 달린 상자에 넣어둡니다. 그리고 토요일에는 스크린이 없었던 시절인 1990년대나 80년대, 70년대 가족처럼 시간을 보냅니다. 가끔 지루해지면 보드게임을 하거나 산책을 나갑니다. 둘러앉아서 수다를 떨면 아이들이 지루하다고 불평을 하곤 해요. 아이들이 지루할 기회가 없어진 요즘, 이건 참 좋은 일이에요.

그렇게 한지 이제 일 년 정도 됐고, 덕분에 내 삶은 여러모로 엄청나게 좋아졌습니다.

— NPR 진행자, 팟캐스트 진행자,
『어떻게 성공했나』저자 가이 라즈

39

일과 여가를 구분하자

3단계

디지털 기술이 발전하면서 놀이터에서 이메일을 쓰거나 요리를 하면서 서류를 훑어보는 것처럼 여가 시간에 일을 계속하기가 무척 쉬워졌다. 빠르게 돌아가는 업계에서 일하는 사람들은 일과 여가를 구분하기가 불가능하다고 느낄 수도 있지만, 장기적인 웰빙을 고려한다면 이런 구분은 꼭 필요하다. 그렇게 하면 번아웃에 빠질 위험을 낮추고 오히려 생산성이 증가한다. 게다가 좋은 점이 또 있다. 뇌가 잠시 휴식하면서 그때까지 받아들인 모든 정보를 잠재의식이 처리하도록 하면 새로운 아이디어를 얻을 수 있고 여태껏 보지 못했던 해결책이 떠오를 가능성이 아주 높아진다.

일단 주요 업무 시간을 정하자. 이는 사람마다 다르고, 대부분은 어느 정도 유연성이 필요하겠지만 보통 업무 시간이 지나치게 유동적이면 일하는 시간은 늘어나면서 생산성은 떨어지기 마련이다!

저녁 시간과 주말에 업무용 스마트폰을 '그냥 확인만' 하고 이메일을 '그냥 잠깐 보기만'하는 행위를 줄이자. 업무용 스마트폰을 아예 치워놓으면 어떨까? 어떻게든 뇌가 '업무 모드'에서 완전히 벗어나도록 해야 한다.

명확한 의사소통 절차를 확립하자. 업무 시간 이후에는 통상 이메일을 확인하지 않지만, 비상사태가 발생한 경우 전화는 받을 수 있다는 식으로 알려두자.

성공 비결

이 실천법을 자동 응답 기능과 함께 사용하자!

40

자기 안의 촉발 요인을 파악해 보자

3단계

소셜 미디어, 뉴스 보기, 게임 하기, 동영상 시청을 번갈아
가며 계속하게 될 때가 있지 않은가?

이럴 때 그냥 멍하게 있으면 안 된다. 대신 의도하지 않
게 디지털 기기를 사용하고 있을 때 자신이 어떤 기분을 느
끼는지에 주의를 기울이도록 하자. 어떤 기분이나 사건이
이런 행동을 촉발하는지 곰곰이 생각해 보자.

내 경험을 두 가지 소개한다.

● **바람직하지 않은 습관:** 생각 없이 링크드인을 스크롤 하
   거나 뉴스 사이트를 클릭한다.
   촉발 요인: 우울하거나 의욕이 없다.

● **바람직하지 않은 습관:** 브라우저에서 새로운 탭을 열고 여러 업무를 전전하면서 집중력을 잃는다.

촉발 요인: 업무가 지지부진하거나 새로운 아이디어와 생각이 떠오르지 않을 때 발생하는 스트레스.

일단 촉발 요인인 행동이나 감정을 알아냈다면 이제 이를 대체할 새로운 습관을 찾을 시간이다.

41
건전한 도파민 대체재를 찾자

2단계

디지털 기술이 제공하는 단기적으로 기분이 좋아지는 도파민 분비를 대체할 활동이나 행동을 찾으면 장기적인 웰빙과 삶의 방식 전체에 거대한 영향을 미칠 수 있다. 또한 습관을 바꾸는 자체도 훨씬 더 즐거워진다. 먼저 기분이 좋아지는 활동을 떠올려 보자. 끝마친 다음에 "하길 잘했어"라는 생각이 드는 활동들을 말한다. 이런 활동들을 기록해두자. 일상생활 속에서 틈틈이 하기 쉬운 활동이어야 한다.

축발 요인인 감정이 솟아올라 스마트폰으로 도파민 분비를 촉진해야겠다고 느낄 때(불안, 스트레스, 지루함 등을 느낄 때) 그렇게 기록해 뒀던 활동 중 하나를 해 보자. 그런 다음에 어떤 기분이 드는지 곰곰이 생각해 보자.

내 경험을 소개한다.

- **바람직하지 않은 습관:** 스마트폰을 집어 들고 아무 생각 없이 소셜 미디어를 스크롤 한다.

  촉발 요인: 우울하거나 의욕이 없다.

  대체 습관: 5분 동안 휴식하거나 팔 굽혀 펴기를 몇 차례 하거나 누군가와 대화한다.

성공 비결

기분을 건전한 방법으로 관리할 수 있는 흔한 활동들을 소개한다.

- 스쿼이나 팔 굽혀 펴기 5회처럼 간단한 운동을 하자.
- 산책을 나가자(누군가와 함께라면 더욱 좋다!).
- 명상을 하거나 심호흡을 10회 하자.
- 다크 초콜릿을 한 조각 먹자.
- 좋은 책을 읽자.
- 동물과 함께 놀자.
- 동료나 친구, 가족과 대면 혹은 영상 통화로 대화하자.

충동이 느껴질 때 다시 생각할 시간을 확보할 수 있도록 장애물을 도입한다면 습관을 바꾸는 데 도움이 될 수 있다. 홈 화면에서 앱들을 멀리 치우거나, 스마트폰에서 앱을 지우거나, 스마트폰 잠금 화면을 변경하는 등, 이 책에서 소개한 실천법들이 생각 없이 하는 행동을 차단하는 훌륭한 장벽이 될 수 있다. 이 실천법은 노력이 필요하고 불편할 수도 있다. 이와 관련하여 당신 또는 주변 사람 중 누군가에게 심각한 근본 문제가 있다고 생각된다면 의료 전문가와 상담하도록 하자.

42

웨어러블을 통제하자

2단계

웨어러블은 멋진 제품이지만 잠재적 스트레스를 유발하는 또 다른 원인이기도 하고, 많은 사람들이 잊고 있는 디지털 기술의 한 측면이기도 하다. 웨어러블을 사용한다는 말은 우리 몸이 늘 인터넷에 연결되어 있다는 뜻이다. 그것이 당신에게 도움이 되는가? 디지털 기기의 기본 설정을 그대로 사용하는 대신 디지털 기기에서 당신이 원하는 기능만 사용할 수 있는 방법을 생각해 보자.

스마트워치를 사용한다면 하루 중 특정 시간대에 블루투스를 꺼놓는 방안을 고려해본 적이 있는가? 밤에는 착용하지 않는 선택지는? 알림 설정을 관리하고 있는가? '왜' 스마트워치를 사용하는지는 생각해 본 적이 있는가?

"항상 인터넷에 연결돼 있다는 데서 비롯되는 스트레스가 꽤 오랫동안 쌓이고 있었지만, 처음에는 알아차리지 못했어요. IT 업계에서 일하는 데도 그런 스트레스가 스마트워치와 얼마나 연관이 있는지 인식하지 못했죠! 실신하기 직전에 이르러서야 깨달았고, 어느 날 아침 '이제 너와는 끝이야'라고 결심하고는 그 자리에서 스마트워치를 풀어서 던져버렸어요. 그 즉시 마음이 차분해지고 집중력이 높아지는 효과가 있었죠. 이후로 한 번도 다시 착용하지 않았지만 중요한 문자나 전화, 행사를 놓친 적은 단 한 번도 없습니다."

– 스웨덴 출신의 크리스티안

43

5분 동안 홀로 생각에 집중하자

2단계

하루 중 이 방법을 실천하기에 최적인 때, 기왕이면 평소에 늘 디지털 기술을 사용했던 시간대를 선택하자. 타이머를 5분으로 설정하고 '아무것도' 하지 않는다. 주변에 있는 그 어떤 정보도 소비하지 말자. 창밖으로 보이는 자연을 응시하거나 눈을 감자. 이는 명상이 아니므로 자유롭게 아무 생각이나 해도 좋다!

"이 연습이 어색하게 느껴질수록 더 절실히 필요하다는 뜻입니다. 뇌는 소비가 아니라 생각하도록 설계되어 있습니다. 점점 시간을 늘려서 하루에 10분씩 홀로 생각할 수 있고 이를 한 달 동안 실천한다면, 뇌 스캔 상으로 뇌의 시냅스가 눈에 띄게 달라지는 모습을 확인할 수 있습니다. 충동 제어에 관여하는 뇌의 네트워크를 물리적으로 강화하게 됩니다."

— 저자, 동기부여 강연자 겸 학습하는 뇌 전문가
안나 테벨리우스 보딘

이 연습이 너무 힘겹다면 일단 2분으로 시작하자. 몇 분이 됐든 몇 주일 동안 계속해야 한다. 기분이 어떤가? 점차 쉬워졌는가? 그 결과에 깜짝 놀라게 될지도 모른다!

"2주일 동안 매일 아침 일과로 5분 동안 아무것도 하지 않는 시간을 가졌습니다. 항상 할 일이 너무 많다고 느꼈던 터라 처음에는 이 습관을 시작하기가 정말 망설여졌어요. 일단 시작해 보니 5분 정도 시간을 낸다고 해서 생산성에 아무런 영향을 주지 않았어요. 오히려 도움이 된 것 같아요. 처음에는 정말이지 어색했지만 첫 번째 주가 끝날 무렵에는 하루 중 그 시간이 가장 기다려졌습니다."

— 하루에 5분 생각에 집중하기를 시도한
뉴질랜드 출신의 젬마

44

꾸준히 명상하자

2단계

많은 사람이 일상적으로 겪는 지속적인 연결 상태와 극심한 스트레스는 호흡을 얕게 하고 늘 가슴을 졸이게 할 수 있다. 이는 양방향으로 영향을 주고받는 관계다. 불안이 호흡 능력에 영향을 미치기도 하지만 호흡하는 방식도 불안 수준에 영향을 미친다.

먼저 스트레스가 쌓이거나 호흡이 얕아진다고 느끼는 때가 언제인지 의식하도록 하자. 코로 숨을 깊이 의식적으로 들이쉬고 입으로 천천히 내쉬는 간단한 호흡법이 명상이 될 수 있다. 어색하게 느껴진다면 굳이 명상이라고 여길 필요도 없다. 몇 분 동안 앉아서 호흡하는 감각에 정신을 집중해 보자. 생각이 떠오르면 이를 의식한 다음 다시 주의를 호흡으로 되돌리자.

성공 비결

마음이 어지럽거나 집중하는 방법을 잘 모르겠는가? 이를 도와줄 유도 명상법이나 관련 앱을 온라인에서 쉽게 찾을 수 있다!

45

퇴근 후에는 스크린을 멀리하자

3단계

노트북이나 컴퓨터를 주요 업무 도구로 사용하는 사람이라면 업무만으로도 매일 6시간에서 10시간은 스크린을 사용한다. 따라서 퇴근 후에 스크린을 멀리하는 것은 뇌와 눈이 휴식할 시간을 주는 동시에 가족 간의 관계를 개선하고 자기 계발을 도모할 여지를 확보하는 아주 좋은 방법이 될 수 있다. 디지털 기기들을 멀리하면 퇴근 후에 놀라울 만큼 많은 시간을 낼 수 있다! 물론 이는 스크린을 주요 업무 도구로 사용하지 않는 사람에게도 똑같이 적용된다.

스크린을 아예 사용하지 않기가 힘들다면 자신에게 적당하면서도 퇴근 후 저녁 시간 계획에 맞는 시간제한을 설정하자. 퇴근 후 디지털 기기에 썼던 시간을 즐거운 일이나 더 하고 싶은 일을 하는 데 쓰도록 하자.

업무상 이 방법을 도저히 실천할 수 없다고 느낀다면 직장에서 논의를 제기하자. 우리는 업무와 관련해서 얼마나 연락이 잘 닿아야 한다고 기대하는가? 비상사태가 발생했을 때 이메일을 확인할 필요가 없도록 전화하는 데 동의할 수 있을까? 아니면 자동 응답 기능을 설정하자!

46

이메일 자동 응답 기능을 활용하자

1단계

자동 응답은 상대방의 회신 기대치에 대응하고 끊임없이 이메일을 확인해야 한다는 부담을 줄이는 아주 좋은 방법이다. 주말이나 휴가철에 이미 사용하는 사람도 많겠지만 매일 사용해 보면 어떨까? 주요 업무 시간이 끝나면 이 기능을 켜두도록 하자. 효율성을 최대한 높이려면 비상시에 연락할 방법과 이메일에 회신할 시기를 알려주도록 하자.

나는 매일 오후 5시에 다음과 같은 메시지를 담은 자동 응답 기능을 켠다. "이메일을 보내주셔서 감사합니다. 저는 보통 오전 9시와 오후 2시에 이메일을 확인합니다. 내일까지 기다릴 수 없는 용무라면 [전화번호]번으로 전화 주시기 바랍니다."

소셜 미디어의 경우라면 상태 메시지에 '오프라인 삶을 즐기는 중'이라고 올리거나 온라인에 접속 중이 아님을 나타내는 멋진 프로필 이미지를 올려보면 어떨까? 이 방법을 시도해 보고 소셜 미디어를 확인해야 한다고 느끼는 빈도가 바뀌는지 살펴보자.

47

디지털 기기 사용이
웰빙에 미치는 영향을 평가하자

2단계

다음은 많은 사람이 디지털 기술을 사용해서 흔히 하는 활동과 관련된 질문이다. 역설적이지만 우리는 웰빙에 긍정적인 영향을 미치는 활동보다 부정적인 영향을 미치는 활동에 더 많은 시간을 쓰곤 한다. 왜 그럴까? 장기적으로 긍정적인 영향을 미치는 활동은 금방 보상받는 기분을 주는 다른 활동보다 훨씬 느린 속도로 도파민을 분비하기 때문이다!

목록을 쭉 살펴보고 각 질문과 그 활동이 웰빙에 미치는 영향을 주의 깊게 검토하자. 일단 검토를 마쳤다면 단지 간에 도파민을 분비하기만 하는 활동이 아니라 자신이 더 하고 싶고 웰빙을 촉진하는 활동에 더 많은 시간을 보낼 방법을 잘 생각해 보자!

- 전자책을 즐겨 읽는가? 그렇다면 전자책을 집중해서 읽는가, 아니면 딴짓 하며 읽는가?

- 화장실에서 용무를 보는 중에 스마트폰을 사용하는가? 그러는 동안 행복한가?

- 알림 소리가 울려서 스마트폰을 확인할 때 어떤 기분이 드는가? 스마트폰에 통제당한다고 느낀 적이 있는가?

- 소셜 미디어를 수동적으로 스크롤할 때 어떤 기분이 드는가?

- 건강 및 웰빙 앱을 사용하는가? 그런 도구를 좀 더 많이 사용하고 싶은가?

- 자기 전에 콘텐츠를 보는 행동이 어떤 영향을 미치는가? 잠들기가 어려운가?

- 차 안에서 스마트폰을 사용하는가? 그런 행동이 운전에 어떤 영향을 미치는가?

- 다른 사람들과 어떻게 의사소통하는가? 영상 통화, 문자 메시지, 소셜 미디어 댓글 및 게시물 등 다양한 소통 수단이 웰빙에 어떤 영향을 미치는가? 이런 활동 중 실제로 의미 있는 인간관계를 구축하는 수단은 무엇인가?

- 스크린 두 개를 동시에 사용하는가(텔레비전을 보면서 스마트폰을 사용하는 경우 등)? 그 이유는 무엇인가? 그런 습관이 각 활동에 어떤 영향을 미치는가?

- 다른 사람과 직접 만나서 대화하는 중에 디지털 기기를 사용하는가? 그 이유는 무엇인가? 대화 중 디지털 기기 사용은 상호 작용에 어떤 영향을 미치는가? 다른 사람들도 그런 행동을 하는가?
- 근무 외 시간에 스마트폰으로 이메일을 읽고 보내는 행위가 스트레스 수준과 가족생활에 어떤 영향을 미치는가?
- 디지털 기기로 게임을 하는가? 그렇게 시간을 보내는 방식에 만족하는가?
- 학습용 앱이나 사이트를 정기적으로 사용하는가? 사용하고 싶은가? 무엇을 배우고 싶은가?
- 언제 어떻게 음악이나 팟캐스트를 듣는가? 적극적으로 듣는가, 그저 켜놓기만 하는가? 그 어떤 소리도 듣지 않는 때가 얼마나 자주 있는가?
- 얼마나 많은 뉴스를 소비하는가? 뉴스에서 무엇을 얻는가? 뉴스가 웰빙에 어떤 영향을 미치는가?
- 동영상 시청에 얼마나 많은 시간을 쓰는가? 그렇게 쓰는 시간에 만족하는가? 동영상을 본 다음에는 어떤 기분이 드는가?

"우리 연구 결과는 소셜 미디어 사용을 하루 30분 정도로 제한할 때 웰빙이 유의미하게 개선될 수 있다고 강력하게 시사한다."

— 펜실베이니아 대학교

48
스마트폰에서 노트북으로 옮겨가자

2단계

스마트폰으로 사용하는 앱 대부분을 노트북에서도 사용할 수 있다는 사실을 알고 있는가?

이메일과 웹 브라우징은 당연히 어디에서나 가능하지만 왓츠앱(WhatsApp, 메신저의 일종 – 옮긴이), 인스타그램, 틱톡, 페이스북 같은 앱에도 컴퓨터로 볼 수 있는 데스크톱 버전이 있다.

차이점은 무엇일까? 데스크톱 버전은 접근성이 떨어지므로 중독성이 낮다. 따라서 하루에 몇 차례만 확인하므로 사용하는 목적을 의식하기가 더 쉽다. (글자 입력도 키보드로 하는 편이 훨씬 수월하지만 나만 그럴 수도 있다!)

꼭 스마트폰에 있어야 하는 앱, 즉 항상 접속할 수 있어야 하는 앱을 결정하자. 이는 그 앱도 당신에게 접근할 수 있다는 뜻임을 기억하자. 다른 앱들은 필요에 따라 노트북에서 사용하도록 하자.

성공 비결

당신이 항상 소셜 미디어에 접속해 있는 상태에 익숙한 사람들에게는 좀 더 신속한 응답을 받을 수 있는 연락 방법을 알려주도록 하자.

49

싱글 스크리닝

2단계

노트북에 별도 모니터를 연결해 모니터 2대를 사용하면 생산성을 높일 수 있지만 노트북 스크린과 스마트폰을 번갈아 사용하면 정반대 결과를 얻게 된다. 텔레비전을 볼 때 스마트폰을 사용하면 양쪽 체험의 즐거움은 줄어들고 스트레스는 느는 것과 같다. 어떤 디지털 기기를 사용할 때 완전히 집중할 수 없다면 그냥 꺼버리자! 싱글 스크리닝single-screening(한 번에 스크린을 하나만 사용하는 것—옮긴이)을 하면 디지털 기기를 의도적으로 사용하고 기기 사용 시간과 사용 경험을 스스로 조절할 수 있다.

주로 어떤 디지털 기기들을 동시에 사용하는지 생각해보고 한 번에 한 기기에 집중하도록 하자.

먼저 다음과 같은 조합을 고려해보자.

- 노트북을 쓸 때는 스마트폰을 치우자.
- 스마트폰을 쓸 때는 텔레비전을 켜놓지 말자.
- 텔레비전을 볼 때는 스마트폰과 노트북을 치우자.

"업무 회의 중에 내가 얼마나 자주 메시지 확인 같은 작업을 하는지 의식하지 못했어요. 한 번에 한 가지 일만 하기로 결심하면서 직무와 회의에 들이는 시간을 좀 더 효율적으로 사용하게 됐습니다."

— 이 실천법을 시도한 오스트레일리아 출신의 에린

50

온라인에서 안전을 확보하자

2단계

온라인 안전은 이 책에서 중점적으로 다루는 주제는 아니지만 대단히 중요하다. 온라인 공간에서 안전을 제대로 확보하지 못하면 신원 도용과 피싱을 비롯한 각종 속임수와 사기에 휘말려 테크 라이프 밸런스가 심각하게 위협받을 수 있다. 고려할 만한 여러 실천법을 소개할 테니 몇 가지를 골라서 시도해 보자.

- 공유하는 개인 정보에 제한을 둔다.
- 개인 정보 보호 설정을 켜둔다.
- 인터넷 검색은 안전하게 하고, 온라인이나 이메일에서 의심스러운 콘텐츠는 클릭하지 않는다.

- 공공 네트워크('개방형 와이파이')에서 민감한 정보를 공유하지 않는다.
- VPN(가상 사설 네트워크) 사용을 고려한다.
- 다운로드할 때 주의하고, 신뢰할 수 있는 사이트를 쓴다.
- 강력한 비밀번호를 선택한다.
- 사이트별로 다른 비밀번호를 사용한다.
- 비밀번호를 정기적으로 변경한다.
- 온라인 구매는 안전한 사이트에서 한다.
- 온라인에 게시하는 내용에 주의한다.
- 온라인에서 만나는 사람에게 주의한다.
- 백신 프로그램을 최신 버전으로 유지한다.
- 소프트웨어를 항상 최신 버전으로 업데이트한다.
- 더는 사용하지 않는 오래된 온라인 계정을 삭제한다.
- 가짜 이메일과 웹사이트에 주의한다.
- 웹캠을 접착테이프 등으로 가린다.

관련 사항을 좀 더 자세하게 알고 싶다면 성인 및 아동/청소년을 위한 무료 정보가 온라인에 많이 있다. 가정에서 아이들에게 온라인 안전을 가르치고자 한다면 228쪽을 참조하자.

안타깝게도 기술이 진보하면서 이를 사용해서 다른 사

람들을 착취하는 방법도 진화하고 있다. 불과 몇 년 후에 온라인/디지털 환경이 어떻게 될지는 그저 짐작만 할 뿐이지만, 안전과 신중, 심사숙고는 앞으로도 디지털 세계에서 안전을 확보하기 위한 핵심 방안이 될 것이다.

51
자동 재생 기능을 끄자

1단계

스트리밍 사이트에서 동영상과 노래를 자동으로 재생하는 기능은 디지털 체험에 참여한다는 의식적인 선택을 없애고 의도하지 않게 몰아보게 되는 주요한 원인이다. 시청 편의를 돕는 기능을 끈다는 것이 어리둥절하게 느껴질 수도 있겠지만, 이는 꼭 필요한 장벽을 도입해 동영상이나 회차가 끝날 때마다 계속 볼지를 의식적으로 결정하도록 유도한다.

"좋아하는 드라마를 한 회만 보려고 앉았다가도 계속 재생되다 보니 2, 3, 4회까지 쭉 보곤 했어요. 여태 그 기능을 꺼야겠다는 생각을 한 번도 해 본 적이 없었지만, 2

주일 동안 시도해 보니 저녁 시간을 되찾은 것 같아요!
게다가 드라마가 더 특별하게 느껴져서 더 즐겁게 보게
됐죠. 당연히 자동 재생 기능을 계속 꺼두고 있어요!"

— 자동 재생 기능 끄기를 시도한 미국 출신의 엘라

52

'덤폰'을 써 보자

3단계

스마트폰을 구매하면 원하거나 필요한 기능을 많이 얻을 수 있지만 이와 더불어 원하거나 필요하지 않은 기능도 너무 '너무' 많이 얻게 된다. 게다가 결국은 그런 기능에 많은 시간과 관심을 쓰게 된다.

덤폰(스마트폰이 아닌 일반 스마트폰을 '스마트'의 반대말인 '덤dumb'을 써서 표현한 용어—옮긴이)이라고 말은 하지만 사실 덤폰은 멍청하지 않다. 그냥 '핸드폰'이라는 이름이 더 적절할 수도 있다. 덤폰에는 유해한 영향을 초래하고 주의력을 빼앗는 기능이 아예 없다. 덤폰에는 주로 문자 메시지 송수신과 전화 통화에 사용하는 간단한 버전과 일부 스마트폰 기능을 포함하지만 각종 부가 기능은 포함하지 않는 좀 더 고급 버전이 있다.

자신이 어떤 기능을 원하는지 결정한 다음 온라인에 접속해 주의 집중을 덜 방해하는 폰을 구입하자!

"나는 오랫동안 스마트폰의 유용함과 해로운 스크롤 사이의 균형이 무너지고 있다고 느꼈습니다. 기분 좋게 잠에서 깼다가도 스크롤 한 지 2분 만에 과부하가 걸리곤 했죠. 스마트폰을 없애고 싶었지만 여전히 지도와 팟캐스트 같은 기능은 쓰고 싶었습니다. 그래서 쓰던 스마트폰을 서랍에 넣어놓고 은행 업무를 볼 때처럼 순수하게 도구로 필요할 때만 꺼내 씁니다. '덤폰'으로 바꾸고 나서 장점만 느꼈습니다."

— 덤폰을 써 본 스웨덴 출신의 올레

53

의사소통 경로를 제한하자

1단계

스마트폰과 앱이 등장하면서 우리가 사용하는 의사소통 경로가 많이 늘어났다. AGT의 다른 여러 측면과 마찬가지로 소통 경로 증가 역시 장점처럼 여겨질 수도 있다. 다다익선 아니겠는가? 하지만 생각해 보면 소통 경로가 많아지면 알림 수신은 물론 모든 일에 신경을 써야 한다는 느낌 때문에도 스트레스가 증가할 수 있다. 사용하고 있는 소통 경로가 몇 개인지 세어보고 꼭 필요하거나 가장 가치 있는 경로만 사용할 수 있는지 확인해 보자. 그렇게 하면 사람들이 당신의 시간과 주의력을 요구할 수 있는 방식을 좀 더 적절하게 통제할 수 있을 것이다.

"세다 보니 미쳤다 싶었지만 내가 사용하는 경로는 음성 통화, 문자 메시지, 왓츠업, 바이버, 위챗, 아웃룩으로 사용하는 업무용 이메일, 개인용 지메일, 스카이프, 팀스, 슬랙, 줌, 틱톡, 페이스북, 인스타그램까지 총 14개입니다. 이 실험의 일환으로 나는 이 중에서 가장 많이 쓰는 다섯 가지와 꼭 필요한 업무용 이메일에만 주의를 집중하기로 했습니다. 이 시도로 커다란 변화가 생기면서 스트레스와 주의산만이 줄어들었습니다."

— 디지털 의사소통 경로 개수 제한하기를 시도한
미국 출신의 잭

54

휴가 중 테크 라이프 밸런스

3단계

구체적인 계획은 사람마다 다르겠지만 관건은 일단 주도권을 잡고 계획을 세우는 것이다. 최대한으로 합의를 이끌어내려면 가족이나 휴가를 같이 보낼 다른 사람들과 함께 계획을 세우는 것이 바람직하다. 이 계획은 반드시 따라야 하는 규칙이라기 보다는 참고할 가이드라인에 가깝다.

다음과 같은 질문을 고려해 보자.

- 직장이나 학교로 돌아가 휴가를 돌이켜봤을 때 무엇을 하면서 많은 시간을 보냈다고 말하고 싶을까?

- 긴장을 풀고 충전하기 위해 지금 무엇이 필요할까? 이런 활동들을 어떻게 실현해 나갈까?

- 이번 휴가 동안 어떤 디지털 기기들을 가져가야 하고, 어떤 일에 기기를 사용하고자 하는가? 이런 활동에 디지털 기기를 사용하는 것이 얼마나 타당하다고 느끼는가? 어떻게 하면 각자 한 명씩 스크린을 사용하는 대신에 함께 스크린을 공유하면서 유대감을 다지는 가족 시간을 보낼 수 있을까?
- 소셜 미디어에 대해 어떻게 느끼는가? 우리는 소셜 미디어를 무엇에 사용하고자 하며 소외 불안 증후군을 느끼게 되는 근원은 무엇일까?

여기에 재미를 더하자! '벌금 저금통'을 마련해서 계획을 어기고 스마트폰을 집어들 때마다 벌금을 내게 하는 방법을 써 보는 것도 좋다.

이 실천법은 조직 내에서도 실시할 수 있다.

팀 동료들과 함께 당신이 이메일을 확인할 빈도, 결정 권한, 당신에게 전화를 걸어야 하는 상황을 논의하자. 이런 사항을 명확히 정해 두면 당신은 휴가를 느긋하게 보낼 수 있고, 팀 동료들은 리더나 직원으로서 권한을 행사할 수 있다.

어떤 사람들은 휴가 중에도 경우에 따라서는 심지어 매일 업무를 담당하고 진행 상황을 확인해야 한다. 하루에 수십 번씩 전화로 업무를 처리하는 대신, 오전과 오후에 시간을 정해 노트북으로 이메일을 읽고 회신하는 일정을 잡도록 해 보자.

55
소외 불안 증후군을 극복하자

3단계

놓치는 즐거움JOMO(조모, Joy Of Missing Out)이라는 말을 들어본 적이 있는가?

이는 자기가 내린 선택에 만족하면서 '놓친' 것 대신에 '얻은' 것에 초점을 맞추는 사고방식이다. 어떻게 해도 놓치는 것이 있기 마련이라는 사실을 받아들이면, 모든 것을 알려고 하지 않고 모든 행사에 참석하지 않는 데서 오히려 즐거움을 찾을 수 있다. 특히 소셜 미디어에서 비롯되는 소외 불안 증후군을 좀 더 쉽게 극복하려면 친구와 가족들에게 행사에 초대할 때 문자 메시지를 보내달라고 부탁하자. 그러면 중요한 일을 놓치지 않을 것이니 마음을 놓을 수 있고 불필요한 잡음은 배제할 수 있다. 소외 불안 증후군을 극복하는 여정을 시작하기 위해 소셜 미디어를 쉬도록 하자. 처음에는 어렵겠지만, 다른 사람의 삶이나 온라인상의 삶이 아닌 진짜 우리 삶에서 즐거움을 찾을 수 있다면 기적 같은 일이 일어날 것이다.

"조모는 포모의 사촌이지만 좀 더 태연하다. 조모는 친구의 친구가 파티를 열어도 대뜸 참석하지 않는다. 정중하게 거절하고 불참을 즐긴다. 조모라고 해서 사람들을 만날 기회를 모두 거절하지는 않지만 승낙할 때와 거절할 때를 안다."

— 〈미디엄 매거진〉의 대니얼 라일리

56

'적당히 괜찮은' 결정에
만족하는 법을 배우자

3단계

디지털 기술이 끊임없는 가능성을 제공하는 요즘 세상에 완벽한 결정을 내리기란 거의 불가능하고 이는 엄청난 스트레스를 유발한다. 그날 무슨 옷을 입을지, 그 이메일에 어떤 단어를 쓸지, 저녁에 무엇을 먹을지, 어떤 노트북을 살지 선택해야 할 때 '적당히 괜찮은' 결정을 내린다는 마음가짐으로 임하도록 하자. 완벽한 결정이나 최선의 선택지를 추구하는 대신, 중요한 선택 기준을 몇 가지 가려낸 다음 이를 모두 충족하는 첫 번째 선택지로 결정하자.

끊임없이 완벽한 결정을 추구하는 대신 적당히 괜찮은 결정에 만족하는 법을 배울 수 있다면 기분이 훨씬 좋아지고 결정을 후회하는 경우도 줄어들 것이다!

"노트북을 새로 사야 할 때는 극대화자인 친구에게 전화를 걸어 '노트북 뭐 샀어?'라고 물어보자. 그리고 그 노트북을 사자. 그것이 당신에게 완벽한 노트북일까? 아마 그렇지 않을 것이다. 그것이 당신에게 적당히 괜찮은 노트북일까? 확실히 그렇다. 5주가 아니라 5분 만에 그 결정을 내렸지만 이는 '적당히 괜찮은' 결정이다."

— 심리학자이자 『점심메뉴 고르기도 어려운 사람들』 저자
배리 슈워츠

3장

신체가 건강해지는
테크 라이프 밸런스

TECH
LIFE
BALANCE

디지털 기술을 부적절하게 사용할 때 발생하는 가장 쉽게 눈에 띄고 숫자로 나타낼 수 있는 악영향 중 하나가 바로 신체 건강에 미치는 영향이다.

심장

디지털 기기를 쓰면서 앉아 있으면 신체 움직임이 줄어들기 마련이고 이는 여러모로 건강에 영향을 미친다. 2021년에 발표된 연구에서 미국 심장 협회American Heart Association 연구자들은 여가 시간 대부분을 앉아서 보내는 60세 미만 성인은 심장 질환과 뇌졸중에 걸릴 위험이 훨씬 높다는 사실을 발견했다.

목과 등

앉아 있는 시간이 길어지면 등과 목에 문제가 발생할 수 있다. 이 문제는 휴대용 기기를 많이 쓰면서 점점 증가하고 있으며 이로 인해 '거북목 증후군'이라는 새로운 질병이 생겨났다. 게다가 노트북 사용이 증가하면서 스마트폰을 사용하지 않을 때도 목을 구부리고 앉아 있곤 한다. 우리 머리의 무게는 약 5킬로그램 정도인데, 고개를 숙이면 그 각도에 따라서 척추에 가해지는 압력이 증가한다. 물론 이런 현상은 책을 읽을 때도 일어날 수 있지만 독서할 때는 몸이 불편해지면 자세를 고쳐 앉거나 책을 덮는다. 하지만 AGT에 빠져 있을 때는 알아차리지도 못한다!

나쁜 자세는 근육 파열, 신경 압박, 추간판 탈출증을 유발할 수 있으며 시간이 지나면서 목의 자연스러운 곡선이 일자목으로 변형될 수 있다. 목 관련 질병 외에도 폐활량이 최대 30퍼센트까지 감소할 수 있고 두통과 신경 질환, 우울증, 심장 질환과의 연관성까지도 제기되고 있다.

손

휴대용 기기는 손에도 영향을 미친다. 내가 농구 하다가 다치는 바람에 진찰을 받았던 손 전문의는 2015년 무렵부터 첨단 기기 사용에서 비롯된 손 관련 질병으로 찾아보는 환자들을 보기 시작했고, 그 이후로 환자 수는 계속 증가하고 있다고 말한다. '문자/스크롤링 엄지texting/scrolling thumb'라고도 하는 '방아쇠 엄지trigger thumb'는 스크롤링, 문자 보내기, 게임처럼 같은 동작을 계속 반복할 때 발생하는 힘줄염증이다. 나는 보호대를 한 사람이 대기실에 앉아서 스크롤하고 있는 모습을 봤다고 언급했다. 다시 한 번 생각해 보자. 손에 '보호대'를 한 환자가 손 전문의에게 진료 받으려고 기다리면서 자기 손에 해로운 동작을 반사적으로 계속하고 있었다는 말이다.

눈

스크린을 장시간에 걸쳐 바라보면 눈에도 영향을 미친다. 미국 성인 중 약 70퍼센트가 겪고 있는 컴퓨터 시각 증후군computer vision 즉 '디지털 눈 피로digital eye strain'는 안구 건조,

안구 피로, 두통, 흐린 시야 같은 증상을 유발할 수 있다. 매일 연속해서 두 시간 이상 컴퓨터를 사용하거나 디지털 스크린 기기를 사용하는 사람은 컴퓨터 시각 증후군을 겪을 위험이 대단히 높다.

귀

점점 더 성능이 좋아지는 헤드폰으로 고막 가까운 위치에서 끊임없이 음악을 재생하는 현대인에게 기술 관련 청력 상실 문제는 점점 흔해지고 있다. 우리 귀는 소음의 크기는 물론 노출 시간에도 영향을 받을 수 있다. 양쪽 귀에 헤드폰을 착용하고 최대 음량으로 재생하면 그 때 소음의 크기는 잔디 깎는 기계 혹은 록 콘서트와 맞먹으며 몇 분 안에 청각 손상이 발생할 수 있다.

비만

감자 칩 그릇을 옆에 끼고 텔레비전을 본 적이 있는가? 나와 비슷한 사람이라면 순식간에 그릇이 비는 마법을 경험할 것이다. 주의가 산만할 때는 자기가 얼마나 먹는지 의식하지 않게 된다는 연구 결과는 나에게 전혀 놀랍지 않다. 놀랄 만한 일이 아니다.

"주의를 산만하게 하는 환경에서 음식을 먹으면 지방질 섭취가 증가하면서 총열량 섭취가 15퍼센트 증가했다. 이 결과는 식사 중 스마트폰 사용과 인쇄된 문자를 읽는 행위가 섭취하는 열량에 유의미한 영향을 미친다는 사실을 보여준다."

— 캄파니아 대학교 루이지 반비텔리

물론 가끔씩 텔레비전을 보면서 식사를 즐긴다고 해서 문제가 된다는 말은 아니지만 매일 같이 식사하는 중에 스크린으로 콘텐츠를 소비하는 사람이 많고, 이는 그리 바람직하지 않다.

• • • • •

이 밖에도 운전 중이나 길을 건너면서 디지털 기기를 사용하는 바람에 발생하는 사고나 목욕 중 충전기 사용으로 발생하는 감전 사고부터 위험천만한 셀피 촬영으로 인한 부상에 이르기까지 다른 위험천만한 상황도 많다. 신체 건강을 지킬 수 있도록 지금부터 소개하는 실천법을 시도해 보자!

57

산책하며 회의를 하자

2단계

이는 내가 제일 좋아하는 실천법 중 하나로, 업무 회의와 개인적 만남 모두에 응용하고 있다. 또한 이 비법이 끌어내는 실질적인 변화에 많은 사람이 놀라기도 한다. 걷기에는 이미 잘 알려진 확실한 건강 증진 효과 이외에 창의성과 생산성, 협력 증진 같은 이점도 따른다.

업무 회의를 할 때는 다른 참가자들에게 몸을 움직이면서 신선한 공기를 마셔야 할 것 같은 기분이라고 미리 알리자. 개인적으로 사람을 만날 때는 만나서 산책하자고 제안하자.

온라인으로 회의를 하고 있다면 참석자들에게 산책하면서 회의에 참여할 예정이라서 영상을 꺼놓겠다고 알리도록 하자. 헤드폰을 착용하고, 말하지 않을 때는 음소거 기능을 켜놓고 산책을 즐기자!

가족 및 친구들과 어울릴 때는 커피를 마시는 대신에 산책하자고 하거나 커피를 마시면서 산책하자고 제안하자. 산책은 앉아 있는 것보다 훨씬 기억에 잘 남는 경험이다. 디지털 기기들은 치워놓고 서로에게 집중하는 것도 잊지 말자.

"보험 회사에서 일하다 보니 재택근무를 하든 사무실로 출근하든 온라인 회의를 하면서 온종일 앉아 있을 때가 많아요. 2주일 동안 하루에 한 번 산책 회의를 했는데 정말 너무 좋았어요. 일과가 끝났을 때 피로도와 스트레스가 줄었고, 산책한 다음에는 더 많은 일을 해냈죠. 게다가 산책 회의를 하면 멀티태스킹을 할 수 없어요! 이렇게 좋은 습관을 계속할 수 있을지 지켜봐야겠어요!"

— 산책 회의를 시도한 미국 출신의 세라

58

현재 상황에 대해 곰곰이 생각해 보자

1단계

디지털 기기 사용이 신체에 미치는 부정적인 영향을 겪어 본 적이 있는가? 흔한 증상으로는 목 통증 및 경직, 허리 통증 및 경직, 팔꿈치 통증, 엄지 통증, 눈 피로 및 건조가 있다.

이런 증상을 하나씩 쓰고 각 증상을 얼마나 자주 느끼는지도 적어 놓자. 여기에서 소개하는 비법을 몇 가지 실천한 다음에 다시 메모를 검토하면서 변화가 생겼는지 살펴보자!

긍정적인 움직임 변화에 조언이 필요하다면 192쪽을 참조하자.

"결국 움직이는 계획을 끝까지 고수한 피험자들은 전반적인 스트레스 감소와 생산성 15퍼센트 증가를 경험했다."

— 제임스 리바인 박사가 실시한 연구에서 발췌

59

20 / 20 / 20 법칙을 적용하자

1단계

스크린에 정신이 팔려서 시선을 돌리거나 심지어 눈을 깜박이는 것조차 잊는 사람이 많은데, 이런 습관은 눈의 피로를 유발하기 쉽다. 이번 실천법은 디지털 스크린으로 작업하는 사람들에게 정기적으로 스크린에서 시선을 돌리는 것만으로 눈이 피로해질 위험을 줄일 수 있다.

20분마다 스크린에서 시선을 돌려 6미터 정도 떨어진 물체를 20초 동안 바라본다. 기억하기가 어려운가? 타이머를 설정하자. 이 짧은 휴식은 집중력에도 놀라울 만큼 효과를 발휘한다!

60

하루에 15분은 밖으로 나가자

1단계

근무 중에도 퇴근한 후에도 실내에 틀어박히기 십상이다. 소파에 쓰러질 정도로 피곤해서 넷플릭스로 '힐링'할 때가 특히 그러기 쉽다. 하지만 특히 그런 날일수록 밖으로 나가야 한다!

일주일에 딱 2시간 야외로 나가기만 해도 신체 및 정신 건강이 크게 개선된다고 한다. 더욱이 일주일 동안 자연을 즐기는 120분을 어떻게 채우는지는 상관이 없다. 예를 들어 한 번에 길게 나가도 되고, 짧게 여러 차례 나가도 된다. 관건은 평소 환경에서 벗어나서 긴장을 풀고 자연을 즐기며 신선한 공기를 마시고 꽃향기를 맡는 것이다.

이 실천법은 아주 다양한 방법으로 어떤 환경에서든

할 수 있다. 도심 한복판이라도 그 아래에서 스트레칭을 하거나 책을 읽을 만한 나무 한 그루는 있기 마련이다. 디지털 기술의 도움을 빌려보는 것은 어떨까? 매일 저녁 9시에 '하던 일을 멈추고 15분 동안 산책하기!'라는 알람을 설정해보자! (타이머 대신 반려견을 키워도 좋다!)

61

잊지 말고 움직이자!

2단계

운동은 건강에 좋지만, 더 중요한 것은 깨어 있는 동안 자주 움직이고 장시간 계속해서 앉아있지 않는 것이다. 여러 연구에 따르면 신체를 활발하게 움직이는 생활 습관이 몸에 배면 불안 장애를 일으킬 위험이 60퍼센트 줄어든다고 한다.

몸을 움직일 재미있는 아이디어를 몇 가지 소개한다.

- 5분 산책을 하루에 몇 차례 일정에 넣어 두자
- 산책하면서 회의를 하자.
- 사무실에서 먼 곳에 주차를 하거나 버스에서 한 정거장 일찍 내리자.

- 계단을 이용하자.
- 재택근무를 한다면 점심 식사를 하고 밖에 나가거나 점심 산책을 하자.
- 통화할 때 걷거나 스트레칭을 하자.
- 이메일을 보낼 때마다 스쾃을 5회 하자.
- 회의를 한 다음에는 팔 굽혀 펴기를 5회 하자.
- 회의를 서서 하자.

62

자세를 곧게 세우자

1단계

스마트폰이나 노트북 스크린을 조금만 내려다봐도 목에 가해지는 압력이 상당히 증가한다. 심하게 숙이면(이런 경우도 너무 흔하다) 목과 척추에 미치는 중량 부하가 27킬로그램까지 증가할 수 있다!

이런 사태를 예방하려면 등과 목을 굽히는 대신에 디지털 기기를 눈높이보다 살짝 아래에 두고 쓰자. 창의력을 발휘해서 주변 물체를 활용해 디지털 기기를 지탱하도록 하자!

63
헤드폰을 사용할 때
60 / 60 법칙을 적용하자

3단계

요즘 우리는 음악이나 팟캐스트를 듣고 싶을 때뿐만 아니라 다른 소음에서 벗어나고 싶을 때도 헤드폰을 착용한다. 그 어느 때보다도 많이, 더 큰 음량으로 듣다 보니 청각에 손상을 입을 위험도 커졌다. 헤드폰 사용으로 인한 청력 손실은 지나치게 장시간 혹은 큰 음량으로 사용하지 않으면 완전히 예방할 수 있다. 음악을 너무 큰 소리로 트는 일이 없도록 이어폰이나 헤드폰이 잘 맞고 제대로 작동하는지 확인하도록 하자.

- 60퍼센트/60분 법칙을 염두에 두자.
- 헤드폰은 최대 음량의 60퍼센트 이하로 사용하자.

- 헤드폰을 사용하는 시간을 하루에 60분으로 제한하자.

하루에 60분만 사용하기는 불가능하다고 느끼는 사람이 많을 테니 일단 음량 조절부터 가볍게 시작해 보자. 헤드폰 음량이 안전한 수준인지 확인하는 좋은 방법은 옆에 앉은 사람에게 당신이 듣고 있는 음악이 들리는지 물어보는 것이다. 만약 옆 사람에게 들린다면 이는 청력 손실을 일으킬 수 있다는 징후다. 다른 사람에게 들리지 않을 때까지 음량을 낮추자. 음악을 너무 큰 소리로 들으면 주변에서 어떤 일이 일어나고 있는지 알아차리지 못해서 사고를 당할 위험이 높아진다는 점도 명심하자.

오늘부터 바람직한 헤드폰 사용 습관을 들인다면 앞으로 오랫동안 계속해서 좋은 청력을 누릴 수 있을 것이다. 소음에 노출된 다음에 휴식하는 것 역시 귀가 쉴 기회가 될 수 있다. 이와 더불어 소음이 거슬리지 않는다고 해서 장기간 노출돼도 유해하지 않다는 뜻은 아니라는 점도 기억하자.

"음량 수준이 85데시벨을 넘어서면 내이 유모 세포가 손상을 일으킬 수 있습니다. 이 정도로 시끄러운 소리(샌프란시스코 도로 교통 소음과 비슷한 수준)에 노출됐을 때 안전한 시간은 8시간입니다. 음량이 그 수준을 넘어

서 3데시벨 증가할 때마다 들어도 안전한 시간은 절반
으로 줄어듭니다."

— 샌프란시스코 오디올로지

64

운전 중에 스마트폰에
정신을 팔지 말자

1단계

운전 중 문자 메시지를 주고받으면 스마트폰을 사용하지 않을 때보다 사고를 당할 확률이 20배 증가하지만, 운전 중에 스마트폰을 쓰는 사람은 여전히 40퍼센트에 이른다. 내비게이션 앱을 사용하지 않는다면 차내에서는 항상 스마트폰을 보이지 않는 곳에 두는 습관을 들이자. 스마트폰을 사용해야 할 때는 차를 대도록 하고 '운전 중 방해 금지' 기능을 사용하자.

안전 운전!

"문자 송수신은 주의를 산만하게 하는 요소 중에서도 가장 위험하다. 문자 메시지를 보내거나 읽으면 5초 동안 도로에서 눈을 돌리게 된다. 시속 88킬로미터로 운전 중이라고 할 때 이는 눈을 감고 축구장 끝에서 끝까지 달리는 것과 같다. 운전이라는 작업은 온전히 주의를 기울이지 않으면 안전하게 수행할 수 없다. 운전 이외의 모든 활동은 주의를 분산시킬 가능성이 있고 충돌할 위험을 높인다."

— 미국 교통국

65

건강 관련 앱을 다운로드하자

2단계

달리기를 시작하고 싶은가? 좀 더 건강한 식사를 하고 싶은가? 매일 10분 동안 꾸준히 운동하고 싶은가? 명상을 시작하고 싶은가? 건강과 관련해 어떤 측면에 노력을 기울이고 싶은지 생각해 보고 앱을 다운로드해서 기술의 도움을 받자.

4장

지구를 살리는
테크 라이프 밸런스

TECH
LIFE
BALANCE

디지털 기기 사용은 우리가 살아가는 세계에 악영향을 미친다. 그중에서 가장 명확한 악영향은 디지털 기기와 서비스를 생산하고 실행하는 데 필요한 자원의 소비와 그 결과로 발생하는 폐기물이다. 우리는 평소에 생활하면서 탄소발자국(carbon footprint, 인간이 살아가면서 직간접적으로 발생하는 온실가스 배출량—옮긴이)을 남기고, 그만큼 뚜렷하게 드러나거나 실감하지는 못하지만, 디지털 발자국도 남긴다. 예를 들어 1년 동안 매일 하루에 이메일을 20통씩 보내면 자동차로 1,000킬로미터 이상 달린 것만큼 이산화탄소가 발생한다는 사실을 알고 있는가? 인터넷이 국가라면 중국과 미국에 이어 세계 3위 전력 소비국이 될 것이라는 사실은? 컴퓨터 한 대를 생산하려면 화학제품 약 22킬로그램, 연료 240킬로그램, 물 1.5톤이 필요하지만 제대로 재활용되지 않는 전자 폐기물의 비율은 90퍼센트에 이른다! 이 밖에도 놀랄 만한 통계가 많다.

- 온실가스 배출량의 4퍼센트를 차지하는 디지털 기술은 항공업계보다 환경을 더 많이 오염시킨다.
- 온라인 동영상 스트리밍은 스페인이 연간 배출하는 양보다 더 많은 이산화탄소를 배출한다.
- 비트코인의 전력 소비량은 칠레나 스위스, 뉴질랜드 같은 국가들의 전체 전력 소비량을 웃돈다.

제조사들이 초고해상도나 곡선화면 에지edge 같은 사양을 갖춘 최신 모델이 꼭 필요하다고 느끼게끔 부추기면서 우리가 디지털 기기를 새로 구입하는 빈도가 늘어나고 있다. 이로 인해 발생하는 전자 폐기물이 엄청난 문제가 되고 있고, 이런 폐기물은 종종 개발도상국에 매립되곤 한다.

눈에 뚜렷하게 보이지는 않지만, 기술이 우리 지구에 끼치는 또 다른 문제는 우리가 지구'로부터' 점점 더 단절되고 있다는 사실이다. 온라인 세계에서 보내는 시간이 늘어나면서 우리가 사람뿐만 아니라 지구로부터도 소외된다는 위험이 현실로 나타나고 있다. AGT는 우리가 주변 세상과 자연에 관심을 갖지 못하도록 방해한다. 세상의 무게가 너무 버거울 때면 한숨 돌리면서 금방 기분이 좋아질 수 있는 디지털 세계로 도피한다. 마찬가지로 우리는 우리 주변의 지구가 망가져 간다는 사실에서도 도피할 수 있다. 많은 사람이 눈앞에 있는 디지털 기술에 집착하고 디지털 세계 속 자기 자신을 인식하면서 지구의 건강보다 자기가 사용하는 기술의 '건강'에 더 관심을 기울이게 됐다.

> "정보 사회에서 번영을 누리고 싶다면 정보와 우리의 관계를 더욱 건전하고 지속 가능하도록 만들 방법을 생각해야 하고, 이는 좀 더 지속 가능하고 건전한 세상을 만들 필요성과 밀접한 관련이 있다."
>
> — 앤드루 위트워스의 『Information Obesity』

디지털 기술이 계속 진화하면서 디지털 기술이 우리 지구에 직간접적으로 어떤 영향을 미치는지 고려하는 것이 그 어느 때보다도 중요하다. 지금부터 기술이 지구에 미치는 악영향을 줄이고 대자연과 우리의 관계를 돈독하게 다질 원칙을 소개한다!

66

재사용하고 재활용하자!

3단계

디지털 기기를 새로 구입할 때 집에 굴러다니는 헌 기기들은 꼭 재활용하자. 부품을 안전하게 재활용하거나 데이터를 모두 지우고 디지털 기기를 정비해서 재사용하도록 판매하는 단체가 많이 있다.

마찬가지로 디지털 기기를 업그레이드하려고 할 때 최신 기종에 집착하지 않는다면 거의 신제품 같은 중고품이 많이 있다. 온라인에서 재사용 디지털 기기를 검색하면 나온다. 이는 좀 더 지속 가능한 소비 행태로 새로운 기술을 사용하는 훌륭한 방법이다. 하지만 디지털 기기를 업그레이드하기 전에 업그레이드하려는 이유와 정말 그럴 필요가 있는지 아니면 기다려도 될지 잠시 생각해 보기 바란다.

67

당신이 쓰는 디지털 기술이 지구에 미치는 영향을 생각해 보자

2단계

당신이 디지털 기술과 보유하고 있는 디지털 기기를 사용하는 방식을 전부 생각해 보자. 지금까지 구매한 새 기기는 몇 대인가? 디지털 기기를 얼마나 자주 바꾸는가? 스트리밍 서비스, 이메일, 소셜 미디어 등 서버 공간과 그에 따른 전력이 필요한 서비스를 얼마나 많이 쓰고 있는가? 우리는 종종 손에 잡히는 디지털 기기를 쓰는 데 필요한 전력 소비에만 초점을 맞추고 그런 사용을 뒷받침하는 데이터 센터나 서버는 간과하곤 한다.

68

반성하는 시간을 갖자

2단계

지루할 때마다 디지털 기술이 주는 자극으로 채우는 대신, 그런 고요한 시간을 반성하는 기회로 삼자. 어떤 감정이 솟아나는가? 세상에서 일어나는 일들에 대해 어떤 기분이 드는가? 우리가 살아가는 지구에 애착을 느끼는가? 우리 지구, 주변 사람들과 좀 더 가까워지도록 물질과 정보 소비 행태를 바꿀 수 있는가?

5장

가족과 아이들을 위한
테크 라이프 밸런스

TECH
LIFE
BALANCE

디지털 기기와 아이는 내가 디지털 기기 사용 습관을 깊이 파고들기 시작한 주요한 이유이자 열정의 원동력이다. 이 책에서 다루는 모든 난관은 어른만큼 혹은 그 이상으로 아이에게도 중요하다. 하지만 아이가 직면한 난관은 무척 다르다. 아이의 뇌는 아직 발달하는 중이라 더 쉽게 바뀌고, 배워야 할 기술도 아직 너무 많다.

어른과 마찬가지로 이는 모두 디지털 기기를 언제, 무엇에, 얼마나 많이 사용하는지에 달려 있다. 디지털 기기를 아이의 성장을 뒷받침하는 데 사용할 수도 있지만, AGT는 아이를 완전히 사로잡아서 충격적인 위험을 초래하곤 한다. 게다가 아이는 어른과 달리 의사 결정 기술이 부족하므로 디지털 기기를 치우고 내려놓아야겠다는 결정을 내리고 실행하기가 어렵다.

여기에서는 '아이'를 아기, 유아, 미취학 아동부터 청소년에 이르는 모든 범위를 포괄하는 용어로 사용한다. 자녀의 연령에 따라서 상황은 무척 다르지만 모든 연령대에 걸쳐서 부모들은 대체로 무척 우려하고 있다.

2020년 미국 전국 여론 조사에 따르면 디지털 기기는 부모들이 하는 걱정 중 상위 세 가지와 직접 관련이 있으며 다른 몇몇과도 간접적으로 관련이 있다.

1. 소셜 미디어 과다 사용

2. 학교 폭력 / 사이버 폭력

3. 인터넷 안전

AGT는 스트레스 및 신체 활동 부족 등 상위 10개에 속한 다른 걱정거리와도 관련이 있다. 보호자들이 걱정하는 것도 당연하다!

디지털 기기가 아이 발달에 미치는 영향

이 주제만을 중점으로 다룬 책들도 나와 있으므로 여기에서는 위험을 인식하도록 간단히 언급만 하도록 하겠다. 이 책에서는 무엇이 우리와 자녀들에게 의의가 있는지 이해하고 어떻게 하면 자녀들을 가장 잘 도울 수 있을지 숙고하는 데 초점을 맞춘다.

스크린 타임과 자녀의 건강 및 발달을 다룬 우려스러운 보고서를 본 사람도 있을 것이다. 미국 소아청소년정신의학회American Academy of Child and Adolescent Psychiatry에 따르면 불건전한 기술 이용은 수면 문제, 성적 하락, 체중 문제, 부정적인 자아상, 기분 장애 등을 일으킬 수 있다. 스마트폰을 창밖으로 던져버리거나 틱톡 계정을 삭제하거나 온라인 게임을 완전히 끊을 필요는 없다. 하지만 그 영향과 대안을 고려하고 현재 상태에 의문을 제기할 필요는 있다.

각 연령대마다 고유한 문제가 있기 마련이고 불건전한 디지털 기술 노출이 영향을 미치는 양상도 다르다.

5세 미만

AGT가 어린아이들을 한 곳에 앉아 있거나 울음을 그치게 한다고 해서 이상적인 문제 해결사라거나 자제심을 가르친다는 뜻은 아니다. 심지어 AGT에 정신이 팔릴 때 아이는 좌절감을 통제하고 감정을 읽는 법을 배울 기회를 놓치고, 부모는 부모-자녀 관계를 맺을 중대한 기회를 무시하는 셈이라고 주장하는 연구자들도 있다. 이런 순간을 통해 부모와 자녀 모두가 강한 유대감을 형성할 수 있는데, 이를 무시하거나 건너뛰면 발달이 지연될 수 있다.

이 연령대에서 AGT는 다음에도 영향을 미칠 수 있다.

- **주의 집중 시간과 집중력.** AGT는 자극을 제공하지만 입력 정보를 처리할 시간을 주지 않는다.
- **충동과 좌절에 대처하는 능력.** AGT가 끊임없이 제공하는 자극은 아이가 스스로 놀거리를 찾는 법을 잊게 해 좌절감을 일으키고 상상력과 동기부여를 방해할 수 있다.
- **표정을 읽고 사회성 기술을 배워 공감하는 능력**을 배우지 못한다.

"아이가 부모와 함께 걷거나 유모차에 타고 있는 모습을 보면 스마트폰이나 태블릿을 가지고 놀면서 주변에는 아무런 관심을 기울이지 않곤 합니다. 내내 스마트폰만 보고 있으면 주변 세상에 대해서는 배우지 못할 겁니다. 이는 새로운 것을 배우는 능력뿐만 아니라 다른 사람들과 소통하는 방법과 언어 발달에도 영향을 미칠 것입니다."

− 웨일 코넬 메디컬 센터 소속 소아과전문의 겸 조교수
제니퍼 크로스 박사

5~10세

이 연령대의 아이들은 사회성 기술과 학습의 기초를 거의 다진 상태이므로 직면하는 난관도 조금 다르다. 또한 이 아이들은 다른 방식으로 스스로 스크린을 사용한다. 자기 소유의 스마트폰을 가진 경우가 많고 매일 몇 시간씩 온라인에서 보내곤 한다. 더 어린아이들에 비해 어른이 지도하는 수준도 낮아진다.

이 연령대에 속한 아이들이 주로 겪는 문제는 계속 온라인에 접속하라는 친구들의 압력, 사회적 비교, 웰빙에 부정적인 영향을 미칠 수 있는 부적절한 콘텐츠에 노출, 수동적인 디지털 기기 사용이 신체에 미치는 해로운 영향 등이다.

청소년

어떻게 보면 청소년은 AGT로 가장 많은 어려움을 겪기 쉽고 건전한 습관을 들이도록 뒷받침하기가 가장 힘든 집단이다. 디지털 기기에 대한 이해도가 낮았을 때부터 그것과 더불어 자랐기에 이 기술과 자기 생활을 떼려야 뗄 수 없는 청소년이 대부분이다. 이런 초超연결 상태에는 막대한 비용이 따른다.

한 연구에서는 2010년과 비교했을 때 2015년에는 소외감을 느낀다고 한 비율이 여자 청소년은 거의 50퍼센트, 남자 청소년은 25퍼센트 증가했다. 지속적으로 온라인에 접속하고 온라인에서 생활하는 시간이 점점 늘어나면서 청소년들은 다른 사람들이 무엇을 하고 있는지 늘 보게 되고, 자기가 무엇에서 소외됐는지 의식하게 된다. 외로움과 사회적 고립은 극심한 고통을 유발할 수 있다. 우울증 및 불안과 소셜 미디어 사용 간의 상관관계를 증명한 연구들도 있다. 하지만 이런 상관관계는 어느 쪽으로든 나타날 수 있다. 2016년에 나온 한 보고서는 소셜 미디어 환경의 사회적 요인의 질이 청소년의 정신 질환 및 웰빙에 미치는 영향이 유익할지 유해할지를 결정한다고 밝혔다.

이 연령대가 디지털 기술을 과도하게 사용하면 주의력

부족, 창의성 저하, 수면 장애를 겪을 수 있고 신체 건강에 부정적인 영향을 미칠 수 있다. 15세, 16세 청소년을 대상으로 실시한 연구에서는 디지털 미디어를 오랫동안 사용하는 경우 주의력결핍과잉행동장애(ADHD) 증상을 일으킬 가능성이 증가한다고 밝혔다. 영국 국립보건연구소National Institute for Health Research에서 11세에서 14세 소녀를 대상으로 실시한 연구에서는 디지털 기기 사용과 신체 활동 저하, BMI 상승, 수면 부족 간에 상관관계가 있다고 나타났다. 운동 부족 정도가 심해지면 당뇨병 등 만성 질환을 일으킬 수도 있다.

게임과 중독 행동

자녀의 게임 장애와 인터넷 중독은 부모에게 커다란 문젯거리다. 이런 상황에서 아이를 돕기가 어려울 수 있다. 자녀에게 게임을 그만하거나 스마트폰을 내려놓으라고 하면 아이가 폭력 성향을 나타낸다고 하는 부모들도 있다. 이 책에서 소개하는 몇몇 실천법은 당신 가족이 게임을 포함한 디지털 기술을 균형 있게 사용할 수 있도록 도와줄 것이지만, 다른 문제와 마찬가지로 당신이나 가족이 자체적으로

대처하기가 너무 버겁다면 전문가에게 상담받아야 할 때
를 놓치지 말아야 한다.

아이의 수면

어른과 마찬가지로 아이도 잠자리에 들기 직전에 디지털
기기를 사용하면 잠들기까지 걸리는 시간이 길어지고 다음
날 피로를 느끼게 된다. 2015년에 나온 한 연구에 따르면
저녁 시간에 스크린에 노출된 생후 6개월에서 12개월 유아
는 저녁 시간에 스크린에 노출되지 않은 유아보다 밤잠 시
간이 유의미하게 짧았다. 다른 연구에서는 텔레비전 시청
시간이 하루 2시간 이상인 아이는 하루 30분 미만인 아이
보다 권장 수면 시간인 10시간을 잘 가능성이 64퍼센트 '낮
게' 나타났다.

• • • • •

AGT가 아이에게 미치는 영향을 알고 나면 우울하고 절망
적인 기분이 들 수도 있다. 하지만 가족과 아이가 건전한 디
지털 기술 습관을 기르도록 도울 수 있는 방법이 많이 있다!

69

가족의 상황에 대해
곰곰이 생각해 보자

1단계

나도 아이를 키우는 부모라서 바쁘게 돌아가는 일상에 쫓겨서 그냥 하던 대로 계속하기가 쉽다는 것을 잘 안다. 잠시 시간을 내서 디지털 기기 사용과 자녀에 관한 다음 질문들을 찬찬히 생각해 보자. 원한다면 노트에 답을 적어 봐도 좋다.

- 자녀와 디지털 기기에 얽힌 어떤 긍정적인 경험을 한 적이 있는가?
- 어떤 부정적인 경험을 한 적이 있는가?
- 자녀가 디지털 기기 사용과 관련해서 우려를 나타낸 적이 있는가?

- 자녀의 디지털 기기 사용에 대해서 우려하는 바가 있는가?

이런 질문들을 심사숙고하면서 이 책에서 소개하는 실천법들을 실행하겠다고 결심했기를 바란다. 그렇지 않았더라도 적어도 통제감과 문제에 대한 의식이 높아졌을 것이다.

앞으로 소개할 여러 실천법을 실행에 옮긴 다음에 다시 위 질문에 대한 성찰이나 노트에 쓴 답변을 돌이켜보면서 무엇이 달라졌는지 확인해 보자!

70
모범이 되자

2단계

아이들은 우리가 말하는 대로가 아니라 우리가 행동하는 대로 행동한다. 이는 육아 서적에 나오는 오래된 격언이고 정말이지 맞는 말이다. 내가 만나는 많은 부모가 자녀의 디지털 기기 사용에 대해 걱정하지만 동시에 저녁식사 자리에서 이메일을 확인하거나 아이들이 보지 않는다고 생각하면 그 즉시(심지어는 아이들이 보고 있을 때에도!) 소셜 미디어를 스크롤 한다.

　내가 부모들에게 하는 첫 번째 조언은 항상 똑같다. 바로 어떻게 하면 건전하고 의식적으로 디지털 기기 사용을 솔선수범해서 보여줄 수 있을지 생각하고 자녀가 배우기를 바라는 습관을 직접 보여주라는 충고다. 집에 오면 스마트폰을 치워놓고 아이들과 함께 있을 때는 가급적 사용하지 말자. 사용하지 않을 때는 텔레비전을 비롯한 스크린을 끄자. 스크린을 켜놓고 방치하지 말자. 업무와 여가를 명확하게 구분하자 (136쪽 참조).

내가 만나는 부모들 대부분이 귀가 후에도 좀처럼 일에서 벗어나지 못한다고 말한다. 그들은 계속해서 이메일을 확인하거나 전화를 받아야 하거나 아픈 아이를 돌보면서도 일한다. 이는 몇 년 전만 해도 불가능했지만, 지금은 거의 당연한 일이 됐다. 상사와 동료들에게 말하자. 아픈 아이를 돌보면서 일을 하면 스트레스가 쌓이는 것은 물론이고 아이의 마음까지 상하게 된다. 경험에서 나온 말이다.

71

가족이 디지털 기기를
얼마나 사용하는지 체크해 보자

1단계

한 가족이나 집단에 속한 사람들이 디지털 기기를 어떻게 사용하는지 제대로 이해하면 변화하는 데 바람직한 기반을 마련할 수 있다. 보유하고 있는 디지털 기기(텔레비전, 태블릿, 스마트폰, 게임기 등)가 몇 대인지 세어 보자. 가장 많이 쓰는 디지털 기기는 무엇인가? 이런 기기들을 얼마나 많이 사용하는가(기기 데이터를 확인하거나 추정해 보자)? 보통 집 안 어느 곳에서 디지털 기기들을 사용하는가? 언제?

이 실천법은 스크린이 우리 생활에서 얼마나 큰 부분을 차지하는지 가족 전체가 실감하게 되는 좋은 방법이다.

질문에 대한 대답을 집에 있는 동안 가족 구성원 각각이 디지털 기기를 사용하는 추정 시간과 함께 노트에 적어두자.

"어떤 학급에 잠금장치가 달린 스마트폰 보관함들을 보여준 적이 있었는데, 이 소년이 집에 하나 가져가도 되냐고 묻더군요. 이유를 물었더니 '엄마에게 그런 물건이 꼭 필요하거든요. 엄마는 나와 이야기하는 시간보다 스마트폰을 사용하는 시간이 더 길어요'라고 말했어요. 저는 너무 충격을 받았고 이 어린 소년이 엄마가 스마트폰을 사용하는 시간과 과도한 스마트폰 사용이 가족에 미치는 부정적인 영향을 생각하고 있었다는 것을 깨달았습니다."

— 마이포즈 CEO 스테파니 스핀들러 욘손

72

디지털 기기에 관한 대화를 나누자

2단계

가족 전체가 모여서 이야기해도 좋고 일대일로 대화해도 좋다. 아이들이 하는 말을 편견 없이 듣고, 규칙이 있는 이유와 규칙이 중요한 이유를 이해시키고, 집안 규칙을 함께 설정함으로써 아이들이 그 과정에 참여한다고 느끼도록 도와주자. 규칙을 벌칙처럼 설정하기보다는 가족 전체가 지켜야 할 중요한 원칙으로 대하도록 하자.

다음과 같은 질문들을 논의하자.

- 디지털 기기의 어떤 부분이 마음에 드는가? 어떤 부분이 마음에 들지 않는가?
- 디지털 기기가 수면, 학업 및 업무, 친구나 가족과 함께

하는 시간을 방해한다고 느끼는가?

- 디지털 기기 사용에 시간을 얼마나 쓰고 싶은가?
- 특정한 활동에 디지털 기기를 사용한 다음에 어떤 기분을 느끼는가?
- 디지털 기기를 달리 어떻게 쓰고 싶은가?
- 어떻게 하면 디지털 기기가 필요하지도 않을 정도로 가족 시간을 즐겁게 만들 수 있을까?

성공 비결

대화를 시작할 때 집에서 자기가 디지털 기기를 어떻게 사용하는지와 얼마나 주의가 산만하다고 느끼는지 생각해봤다거나, 이와 관련한 논란이 많은 것 같다는 말로 말문을 열면 좋다. 맛있는 식사를 곁들이면 대화가 더욱 즐거워질 수 있다! 조언이 더 필요하다면 인도적 기술 센터Center for Humane Technology에서 내놓은 가이드를 온라인에서 찾아볼 수 있다.

지금껏 가족회의를 한 번도 열어본 적이 없다면 이를 도와줄 훌륭한 정보도 온라인에서 무료로 구할 수 있다.

"아이들에게 스크린 타임에 관한 말을 어떻게 할 것인지는 디지털 시대에 어린이와 청소년을 가장 효율적으로 양육하기 위해 할 수 있는 가장 중요한 일입니다. 규칙과 관련한 핵심은 가능한 한 자녀의 협력을 구하고, 아이들이 규칙이 존재하는 이유를 이해하도록 하며, 필요에 따라서 규칙을 조정하고, 계속해서 점검해 나가는 것입니다."

— 가정의학과 전문의, 다큐멘터리 영화 〈스크린 세대〉 감독
델라니 러스턴

73

아이들이
온라인에서 안전하도록 돕자

1단계

아날로그 세계에서 아이들에게 안전하게 생활하는 법을
가르치듯이, 디지털 세계에서도 안전 교육을 시켜야 한다.
보호자라면 누구나 시간을 투자해서 이 주제를 잘 이해하
고 상식 미디어Common Sense Media, 인도적 기술 센터, 정부 사
이트 등 신뢰할 수 있는 온라인 정보원을 자세히 읽어보는
것이 좋다.

지금부터 아이들의 온라인 안전을 확보하기 위한 시작
점을 몇 가지 소개한다.

신중한 공유. 사진과 개인 정보 공유를 제한하자. 아이들
에게 정보는 아는 사람하고만 공유하도록 가르치고, 온

라인에서 공유한 내용은 영원히 그곳에 남아 결국에는 나쁜 사람 손에 들어갈 수 있다는 사실을 이해시키도록 하자.

친절한 태도. 온라인에서 친절한 태도를 보이고 디지털 의사소통을 대면 의사소통과 똑같이 대하도록 하자. 입밖으로 내서는 안 될 말이라면 게시물로 올려서도 안 된다. 온라인 폭력에 주의하자.

가짜에 비판적인 시선. 정보를 비판적으로 분석하는 법을 배우고 진짜와 가짜를 구별함으로써 온라인 상황이 항상 겉보기와 똑같지는 않다는 사실을 아이들이 의식하도록 돕자.

온라인 보안. 오프라인에서 하듯이 온라인에서도 귀중한 정보를 보호하도록 아이들에게 가르치자. 암호, 개인정보, 금융 정보 등 아이들이 어떤 민감한 정보를 알고 있는지 이야기를 나눠보자.

열린 대화. 아날로그 세계와 마찬가지로 온라인에서도 대다수 사람과 콘텐츠는 선량하지만 나쁜 것도 있다는 사실을 인식하자. 아이들이 우연히 부적절한 내용이나 인물과 마주칠 수 있다는 사실을 받아들이고, 기분이 나빠지는 대상을 보거나 경험했을 때 이를 믿을 수 있는 어른에게 이야기하는 것을 부끄러워할 필요가 없다고 가르치도록 하자.

74

가족이 함께
디지털 기기 사용 계획을 세우자

3단계

앞에서 몇 차례 언급했듯이 테크 라이프 밸런스를 달성하려면 무조건 제한하기보다는 의도를 가지고 디지털 기기를 사용하는 것이 중요하다. 한 가족으로서 디지털 기술 이용을 의식하는 좋은 방법은 명확한 계획을 세우는 것이다. 다른 모든 일이 그렇듯이, 아이들에게는 이해할 수 있고 따라야 할 이유를 납득할 수 있는 규칙이 필요하다.

계획 세우기는 아이들이 디지털 기기를 사용할 수 있는 시간과 디지털 기기로 무엇을 할지 선택하는 데 동의하는 것처럼 간단하게 할 수 있다. 자녀와 함께 언제, 몇 시간 동안, 무슨 일에 디지털 기기를 사용할지 명확한 경계와 기대치를 설정하는 계획을 세우자. 한 걸음 더 나아가고 싶다거나 좀 더 아이디어를 얻고 싶다면 상식 미디어에서 제공하는 광범위한 계획 도구를 온라인에서 구할 수 있다.

핵심은 디지털 기기 사용을 생활의 일부로 계획하는 것이다. 많은 부모가 이 방법으로 충돌이 줄어들고 잔소리할 필요가 없어졌다고 말한다.

75
오프라인 구역과
시간대를 마련하자

2단계

집에 디지털 기기가 아예 없는 오프라인 전용 장소와 시간대를 설정하자. 이는 어른들에게도 해당 된다! 가족들이 주로 고르는 선택지는 침실과 식사 시간, 숙제 시간, 가족과 보내는 시간이다.

"취침 시간, 식사 시간, 가족 시간에 스크린을 사용하지 않도록 하세요. 장거리 이동 시 외에는 차에서 스크린을 사용하지 말고, 가족 전체가 스크린을 끄는 야간 스크린 금지 시간이나 합의에 따른 시간대를 설정하는 방법을 고려해보세요. 온라인과 오프라인 시간의 균형을 잡는 것은 대단히 중요한 일입니다."

이와 더불어 텔레비전은 물론 태블릿과 스마트폰 같은 휴대용 기기를 집안의 공용 공간에서 사용하도록 하자. 이렇게 하면 불화를 줄이면서도 쉽게 아이들의 디지털 기기 사용에 관여하고 아이들이 무엇을 하고 있는지 파악할 수 있다.

우선 식사 시간부터 디지털 기기를 사용하지 않도록 하면 어떨까?

76
디지털 기기 없이
즐기는 활동을 해보자

1단계

가족끼리 게임하는 일정을 정하고 다양한 게임을 함께 시
도해 보자. 보드게임을 사거나 새로운 카드 게임을 배워도
좋지만, 집 밖으로 나가서 함께 공을 차거나 보물찾기를 해
보면 어떨까? 매주 가족 시간을 잡는다면 한 사람씩 돌아가
면서 모두가 참여할 수 있는 활동을 선택하면 좋다.

또한 아이들이 취미를 가지도록 핸드폰 사용 '이외'의
생활을 즐기도록 이끌 수도 있다. 물론 돈이 드는 취미들도
있지만 무료로 할 수 있는 활동도 많이 있다! 조금만 알아
보고 창의력을 발휘하면 아이가 즐기고 발달에도 도움 되
는 취미를 많이 찾을 수 있다. 물론 그렇게 하려면 노력이
필요하고, 처음에는 아이도 썩 내키지 않아 할 수도 있지만

그만한 가치가 있는 일이다.

　　온라인에서 조금만 검색해 보면 창의성이 넘치고 디지털 기술을 멀리하는 부모들이 제안하는 풍부한 아이디어를 얻을 수 있다!

77

스마트폰 없이 함께하는 식사

2단계

이 실천법을 보면서 정신이 아찔해지는 사람도 많을 것이다. "그러니까 다시 대화를 해야 한다는 거죠?!"

익숙한 습관을 바꾸는 일이 늘 그렇듯이 처음에는 조금 힘겨울 수 있다. 하지만 장담하건대, 저녁 식사를 하면서 한바탕 웃고 수다를 떠는 것은 일순간의 스크롤보다 우리 웰빙과 관계에 훨씬 더 좋다. 혼자 사는 사람이라면 식사 시간은 디지털 기기로 뭔가를 소비하는 대신 성찰하기에 유용한 시간이다. 연구에 따르면 식사 자체도 더 즐거워진다고 한다!

"식사 시간에 스마트폰을 사용하지 않도록 하는 것은

가족의 화합에 꼭 필요하며 영양이 풍부하고 맛있는 음식을 함께 즐기면서 온 가족이 온전히 그 시간에 집중할 수 있다는 뜻입니다."

— 심리학자이자 행동 전문가 에마 케니

이 실천법을 그냥 제약이 아니라 즐거운 경험으로 만들 방법을 생각해 보자. 주머니는 계속해서 주의를 끄는 곳이므로 스마트폰을 치우는 장소로 허용되지 않는다는 사실만 기억하자!

처음에는 조금 어색하겠지만 그래도 괜찮다. 필요하다면 다음에 소개하는 대화 주제를 참고하자!

- 오늘은 누구를 어떻게 도와줬어?
- 꿈을 하나 이룰 수 있다면 어떤 꿈을 이루고 싶어?
- 동물이 될 수 있다면 무엇이 되고 싶고 그 이유는 뭐야?
- 유명인을 만날 수 있다면 누구를 만나고 싶고 그 이유는 뭐야?
- 자기 미래를 결정할 수 있다면 10년 후에는 어디에 있을 것 같아?
- 반려동물을 키울 수 있다면 어떤 동물을 키우고 싶고 그

이유는 뭐야?

- 엄마 아빠와 입장을 바꿀 수 있다면 넌 무엇을 다르게 하고 싶어?
- 너와 가장 비슷한 책이나 영화 속 등장인물은 누구야?
- 책이나 영화 속 등장인물 중에 어떤 사람이 되고 싶고 그 이유는 뭐야?
- 제일 좋았던 휴가 기억은 뭐야?
- 오늘 있었던 일 중에 무엇이 부끄러웠어?
- 오늘 극복한 도전은 무엇이고 어떻게 극복했어?
- 오늘 있었던 좋았던 일을 세 가지 말해 봐.
- 오늘 있었던 일 중에 뭐가 놀라웠어?

78

스크린 타임 가이드라인을 따르자

2단계

아이를 키우면서 마주치는 다른 여러 문제에서도 그렇듯이, 가이드라인은 아이들의 디지털 기기 사용을 감정이나 의견이 아닌 공식 권장 사항을 따라 지도하는 아주 좋은 방법이다.

　다음 권장 사항은 미국 소아청소년정신의학회, 미국 심장협회, 미국 소아과학회, 세계보건기구에서 내놓은 정보를 바탕으로 작성했다.

연령	스크린 타임 및 고려 사항
0-18개월	보호자 동반하에 다른 사람과 적극적으로 소통하는 화상 통화를 제외한 어떤 것도 금지한다.
18-24개월	일주일에 몇 시간 정도로 엄격히 제한한다. 보호자와 함께 양질의 교육용 프로그램을 시청하는 경우로 한정한다. 아이와 함께 보면서 스크린에서 무슨 일이 일어나고 있는지 설명한다.
2-5세	교육용 프로그램 이외의 스크린 타임을 하루 1시간으로 제한한다. 양질과 동반 시청에 초점을 맞춰 아이가 자기가 보고 있는 내용과 그 내용을 주변 세상에 적용하는 방법을 이해하도록 돕는다.
6세 이상	교육용 프로그램 이외의 스크린 타임을 하루 2시간으로 제한한다. 양질 콘텐츠에 초점을 맞추고 활동에 참여한다. 아이와 함께 시청 경험에 대해 이야기하고, 아이가 무엇을 하고 있는지 이해하며, 디지털 기기가 수면, 신체 활동, 친구 및 가족과의 상호작용을 방해하지 않도록 확인한다.

성공 비결

다른 부모들과도 의논하자. 서로 교류하는 무리에 속한 아이들의 부모가 대략 비슷한 규칙을 따르고 있으면 스크린 타임을 제한하기가 훨씬 수월해진다. 물론 개인적인 판단도 대단히 중요하며, 시청 시간뿐만 아니라 스크린 타임의 유형도 고려해야 한다. 참여율을 최대한 끌어올리려면 가족 전체가 함께 의논하자! 제한으로 여기기보다는 긍정적인 경험으로 만들어 보자. 자녀와 다른 활동도 함께해 보자 (235쪽을 참조하자).

79
소셜 미디어 연령 제한을 따르자

2단계

스크린 타임에 관한 공식 가이드라인에 따르듯이 연령 제한을 따르는 것 역시 아이에게 바람직할 뿐만 아니라 가정에서 꼭 지켜야 할 지침이다.

다음은 현재 인기 있는 플랫폼에서 자체적으로 제시하는 권장 연령 제한이다.

앱	연령 제한
스냅챗	13세 이상
위챗	13세 이상
틱톡	13세 이상
킥	13세 이상
왓츠앱	16세 이상
페이스북	13세 이상
트위터	13세 이상
인스타그램	13세 이상

"여덟 살 자녀를 둔 부모들이 '아이를 틱톡에서 떼어놓을 수가 없어요!'라고 말하는 경우를 종종 봤어요. 정작 문제는 여덟 살은 애초에 틱톡을 해서는 안 되는 나이라는 점이죠. 소셜 미디어 플랫폼 대부분이 그렇듯이 틱톡도 13세 이상을 위한 가상공간이고, 사실 저는 16세 이상이 훨씬 더 적절한 연령 제한이라고 생각합니다."

— 심리학자이자 디지털 웰빙 전문가
테오도라 파브코비치

80
유아의 스크린 타임 도입을 늦추자

2단계

이는 아직 스크린을 본 적이 없는 자녀가 있는 사람들을 위한 실천법이다. 아이가 좀 더 클 때까지 스크린을 접하지 못하도록 미뤄서 스크린 타임 제한과 디지털 기기 규칙이라는 문제 자체를 아예 늦추도록 하자. 일부 부모들은 경험상 아예 스크린을 금지하는 편이 관련 문제로 사사건건 다투는 것보다 더 쉽다고 말한다. 어린아이라도 사물을 적절한 맥락에서 이해할 기회를 갖지 못하면 아날로그 세계에서 느리지만 좀 더 의미 있는 피드백을 즐기는 대신 스크린이 주는 즉각적인 만족에 익숙해지고 이를 찾게 된다.

81

디지털 기기를
아이를 달래는 젖꼭지로 쓰지 말자

3단계

앞으로 잠시 조용한 시간이 필요하거나 아이가 떼를 쓸 때 스크린을 젖꼭지 대용으로 사용하지 '말고' 이를 학습과 유대감을 형성할 기회로 삼도록 하자. 아이가 마음이 상했을 때 곁에 있으면서 진정하도록 함께 마음을 가라앉히는 것은 자기감정을 건전한 방식으로 조절하는 법을 가르치는 중요한 과정인 동시에 애정을 표현하고 유대감을 강화할 기회다. 당신이 무엇인가를 해야 하는 동안 스크린 이외의 놀 거리로 즐기는 법과 자제심을 아이에게 가르친다면 장기적으로 아이에게 이익이 될 것이다!

내가 쓰는 비밀 무기는 나만의 시간이 필요할 때'만' 등장하는 장난감이나 게임이 담긴 특별한 상자를 마련해

놓는 것이다. 한번 해 보자. 아주 효과적이다!

가끔씩 디지털 기기를 젖꼭지 대용으로 쓰게 되더라도 스트레스를 받을 필요는 없지만(나도 한다!) 습관이 되지 않도록 주의하자. 그렇지 않으면 디지털 기기가 아이를 달랠 수 있는 유일한 수단이 될 수 있다.

"유아는 당신이 저녁 식사를 준비하는 동안 스크린을 볼 때보다 바닥에 프라이팬을 두드릴 때 더 많이 배웁니다. 그러면 두 사람이 가끔이나마 서로 쳐다보기 때문이죠."

— 미국 소아과학회 회원 데이비드 힐 의학박사

82

안 된다고 말해도 괜찮다

2단계

아이가 당신이 보기에 해로운 온라인 활동에 참여하고 있거나 아이의 생활에 악영향을 미치는 방식으로 디지털 기기를 사용하고 있다면 '안 돼'라고 말해도 괜찮다! 디지털 기기 사용은 아이에게 기본적인 권리가 아니라 특권이다. 안 된다고 말하는 편이 오히려 아이가 자신의 감정에 잘 대처하는 데 '도움'이 될 수 있다는 사실을 기억하자.

스크린 타임 대화(225쪽)나 명확한 규칙 설정(240쪽) 같은 실천법을 시행하고 나면 '안 돼'라고 말하기가 훨씬 수월해진다. 도움이 될 만한 다른 방안도 몇 가지 소개한다.

1. "디지털 기기는 오늘 이따가 나중에 쓰기로 했잖아"
   라거나 "숙제부터 해야지"처럼 간단하게 설명하자.
2. "좋아하는 책을 읽지 않을래?"라거나 "친구를 집으로
   데려올래?"처럼 연령에 맞는 대안을 제시하자. 아이가
   자신의 감정을 조절할 수 있도록 옆에 있어 주자.
3. 안 된다고 말하되, 여지를 주자. "아주 멋진 태블릿 놀
   이 아이디어네. 지금은 쓸 수 없지만 요리 끝나면 같이
   놀자."
4. 아이가 당신이 받아들일 수 있는 제안을 하면 꼭 "좋아"
   라고 말하자!

"부모는 자기가 가끔은 '안 돼'라고 말해도 된다는 사실
을 기억할 필요가 있어요. 요즘 부모들은 그 말을 무척
이나 꺼리더군요. 아이를 의사 결정 과정에 참여시키는
것이 좋을 때도 있지만 그렇지 않다면 '내가 부모이고
우리 집에서 이 일은 협상의 여지가 없어. 지금은 더 자
세히 설명할 필요가 없을 것 같구나'라고 말해도 괜찮습
니다."

    — 심리학자이자 디지털 웰빙 전문가 테오도라 파브코비치

83

수동적 스크린 타임을
활동적 스크린 타임으로 바꾸자

2단계

수동적으로 디지털 기기를 사용하는 것을 활동적으로 바꾸면 신체에 미치는 악영향이 일부 해소되고 경우에 따라서는 신체 건강이 개선될 수도 있다. 야외에서 〈포켓몬 고〉 같은 게임을 하는 1시간과 유튜브 동영상 시청 30분을 비교하면 어떨까? 온라인 운동 1시간과 뉴스 및 소셜 미디어 스크롤링 30분을 비교한다면?

요컨대 스크린 타임이라고 해서 전부 똑같지는 않다. 아이들이 좋아하는 앉은 자리에서 수동적으로 하는 디지털 기기 사용을 대신할 방안을 찾고 일부(혹은 전부!)를 활동적인 사용으로 바꾸자! 물론 당신 자신에게도 같은 방법을 적용할 수 있다.

다음과 같은 활동적인 대안을 제안한다.

- 인터랙티브 댄스 동영상
- 온라인 악기 학습
- 온라인 언어 학습
- 운동 동영상 및 운동 게임
- 신체를 움직여야 하는 게임

"중요한 세 가지, 즉 수면, 건강한 영양 섭취, 운동을 강조하세요. 이 세 가지는 모두 아이와 어른 모두에게 최적의 뇌 성장과 발달, 건강과 웰니스에 꼭 필요합니다. 과도한 스크린 타임은 이 세 가지 모두에 영향을 미칠 수 있죠."

− 아동 발달 전문가 제니퍼 크로스 박사

84

미디어를 의식해서 고르자

2단계

아이가 쓰기에 연령에 적합한 앱과 게임, 프로그램을 찾기 위해 조사하자. 아이가 특정한 게임을 하거나 뭔가를 보고 싶어 한다면 온라인으로 검색해서 권장 연령을 찾아보자. 아이에게 가장 바람직한 선택을 하는 데 참고할 수 있도록 상식 미디어 같은 기관이 제공하는 정보를 사용해도 좋다.

85

언제 아이에게 개인용 기기를 사 줄지
주도적으로 결정하자

2단계

요즘은 주변의 압박에 굴하거나 아이에게 전용 디지털 기기가 필요하다고 생각하기 쉽다. 자녀에게 개인용 기기를 사 주기 전에 신중하게 생각하도록 하자. 아이에게 스마트폰나 태블릿을 사 주려는 이유는 무엇인가? 아이가 그것을 무엇에 사용할까? 왜 지금인가? 충분히 조사한 다음에 처음부터 아이가 기기를 무엇에 얼마나 많이 사용할지 명확한 규칙을 마련해 놓자. 빌게이츠가 할 수 있다면 당신도 할 수 있다!

"우리 가족은 식사할 때는 식탁 위에 스마트폰을 올려 놓지 않아요. 아이들이 14살이 되기 전까지는 스마트폰

을 사 주지 않았더니 다른 아이들은 더 일찍부터 쓴다고
불평하더군요."

— 마이크로소프트 창업자 빌 게이츠

86

아이가 디지털 기기를 사용할 때 함께하자

1단계

디지털 기기를 함께 사용하면 보호자와 아이의 관계에 긍정적인 영향을 미칠 수 있으며 아이의 디지털 체험을 향상할 수 있다. 함께 스크린을 사용할 수 있는 연령에 적합한 활동을 찾아보거나 온 가족이 함께 생각해 보자. 활동을 같이 고르거나 아이가 선택할 수 있도록 하자.

성공 비결

기술 대화 실천법(225쪽)과 함께 실행해서 아이가 참여하고 있다고 느끼고 벌칙이 아니라 긍정적인 경험으로 받아들이게끔 하자.

다음과 같은 활동을 제안한다.

- 주변에 다른 디지털 기기를 두지 않은 상태로 영화나 텔레비전 프로그램을 시청하자.
- 온라인 운동(어린아이라면 코스믹 키즈 요가Cosmic Kids yoga를 추천하고, 좀 더 큰 아이라면 어른과 같은 콘텐츠를 사용할 수 있다).
- 온 가족이 참여할 수 있는 디지털 게임을 하자.
- 함께 새로운 취미를 배우자.
- 아이가 온라인에서 요리법을 찾아서 만들어 보도록 하자.
- 온라인 퀴즈를 만들거나 풀어보자.

"아이가 스크린 타임을 가질 때 가장 좋은 방법은 아이가 시청하는 내용을 잘 이해할 수 있도록 영상이나 게임을 함께 보는 것입니다. 알아차린 점에 대해서 언급하거나 무슨 일이 일어나고 있는지 질문을 하고, 영상 속 인물이 노래를 부른다면 아이와 함께 따라 부르세요. 아이들과 함께하고 프로그램이 끝난 다음에는 아이들이 그 정보를 좀 더 잘 기억할 수 있도록 등장한 개념을 되풀이합시다."

— 아동 발달 전문가 제니퍼 크로스 박사

87

몸을 움직이자

2단계

아이가 몸을 활발히 움직이도록 도와주자. 야외용 장난감을 사 주거나, 놀이터에 가거나, 스포츠를 하거나, 야외로 나가 숨바꼭질을 하자.

주의: 당신도 몸을 움직여야 할지도 모른다!

"신체 활동이 증가하는 동시에 스크린 타임이 줄어들면 성별을 불문하고 정신 건강에 점진적으로 유익한 효과가 나타났습니다. 하루에 한 시간 신체 활동을 하고 스크린 타임을 두 시간 이하로 제한했을 때 최적의 정신 건강 상태를 보였습니다."

— 퀸즐랜드 대학교 부교수 겸 연구자 아사드 칸 박사

88
다른 부모들, 혹은 학교와도
함께 의논하자

2단계

당신이 집에서 스크린 시청 문제로 아이와 다투고 있다면 다른 부모들도 마찬가지일 것이다. 아이들이 건전한 디지털 기기 사용 습관을 기를 수 있도록 학교 차원에서 어떤 노력을 기울이고 있는지 학교 측에 물어보고 다른 부모들은 집에서 어떤 규칙을 적용하고 있는지 함께 의논하자. 명확한 규칙과 기대치를 갖춘 공동체로서 뭉칠 수 있다면 아이들을 포함한 모두에게 훨씬 수월해질 것이다. 실제로 세계 곳곳의 여러 학교가 디지털 기기 사용 정책을 도입하기 시작했다. 다른 모든 문제와 마찬가지로 가정에서 아이들을 더 많이 뒷받침할수록 집 밖에서도 더 좋은 결과를 얻을 수 있다.

아이들이 스스로 관리하기 어려운 중독성 물질과 관련된 규칙과 행동에 대해서는 합의된 협약이 있다. 그런데 왜 디지털 기기는 이와 똑같이 다룰 수 없을까? 실은 디지털 기기도 같은 기준을 적용할 수 있다. 다만 이런 협약을 확립하고 준수하기 위해 노력을 기울여야 할 뿐이다.

89

집에서 디지털 기기들을
눈에 보이지 않는 곳에 두자

2단계

아이들이 사탕을 적게 먹기를 바란다면 사탕을 식탁 위에 놓아두겠는가? 우리는 주변 환경을 끊임없이 살피면서 무엇이든 주변에 있는 물체에 주의를 기울이곤 한다. 그렇다면 가족들이 더 많이 사용하기를 바라는 물건들로 주변을 둘러싸고 적게 혹은 다르게 사용하기를 바라는 물건은 치우는 것이 어떻겠는가?

디지털 기기를 사용하지 않을 때 치워두는 장소를 정해 놓자. 이는 어른들에게도 바람직한 규칙이니 당신도 스마트폰을 같은 곳에 두어 모범을 보이도록 하자.

성공 비결

알림을 설정하는 실천법(47쪽)과 함께 실행해서 전화벨처럼 알림 받고 싶은 소리는 켜 두도록 하자.

태블릿과 스마트폰은 물론이고 텔레비전도 예쁜 천으로 덮어놓을 수 있다.

우리 집에서도 이 방법을 실천하고 있는데, 확연한 차이를 느낀다. 스마트폰이 눈앞에 있으면 그저 그 자리에 있다는 이유로 아이들이 스마트폰으로 게임을 해도 되는지 묻는다. 우리 가족은 텔레비전도 아예 덮어놓고 리모컨도 치웠다. 그렇게 하니 아이들이 텔레비전이 그곳에 있다는 사실을 잊어버리곤 한다.

"부모는 아이들이 '무슨 일이 일어나고 있는지 모른 채 스마트폰의 뒷면만 바라보는 일'이 없도록 스크린 타임을 줄이거나 디지털 기기로 무엇을 하고 있는지 설명해야 합니다."

― 스냅챗 공동설립자 겸 CEO 에반 스피겔

90

청소년 자녀를 돕자

3단계

청소년 자녀를 키울 때는 양육의 모든 측면에서 어려움을 겪기 마련이다. 청소년은 어느 정도 자립성을 갖췄고 여러 결정을 스스로 내릴 수 있을 만큼 성숙했지만 아직은 여전히 성장하는 중이고 쉽게 영향을 받는다. 네 살과 여섯 살 아이를 키우는 나는 청소년 자녀를 키우는 부모들을 진심으로 존경한다. 5장에서 소개한 여러 실천법은 청소년들에게 적용할 수 있지만 실행하기가 더 어려울 수도 있다. 나는 자녀가 디지털 기기 사용에 대한 이야기는 하려고 하지 않거나 합의한 오프라인 시간을 아예 무시하고 힘으로 버티면서 디지털 기기를 내려놓으려고 하지 않는다고 말하는 부모들을 많이 만나봤다.

이 실천법은 응원 메시지에 가깝다. 감당하기 힘들다고 느끼거나 포기하기 쉽지만, 변화에는 시간이 필요하기 마련이고, 부모로서 내리는 여느 어려운 결정과 마찬가지로 이 역시 장기적으로 볼 때 아이에게 도움이 된다는 사실을 염두에 두도록 하자. 또한 디지털 기기를 사용하는 것은 권리가 아니라 특권이며 자녀가 디지털 기기를 사용하는 데 드는 비용을 지불하고 이를 가능하게 하는 사람은 (아마도) 당신임을 기억하자. 마지막으로 다시 한 번 강조하건대, 자녀에게 디지털 기기를 빼앗으라는 말이 아니다. 자녀가 디지털 기기 사용과 다른 활동의 균형을 맞추도록 돕고 앞으로도 평생 사용하게 될 이런 디지털 기기들과 건전한 관계를 맺을 수 있도록 가르치는 것이 중요하다.

309쪽에서는 심리학자 테오도라 파브코비치가 스크린과 청소년에 대해 알려주는 자세한 내용을 소개한다.

청소년인 자녀가 "다들 그렇게 해"라고 주장한다면 아마도 사실일 것이다. 그러니 다른 학부모들 및 학교 측과 대화한다면 도움이 될 것이다(257쪽).

6장

사회생활과 인간관계를 돕는
테크 라이프 밸런스

TECH

LIFE

BALANCE

AGT가 어떻게 인간관계에 악영향을 미치는지 가장 명백하게 보여주는 사례가 바로 퍼빙이다.

퍼빙phubbing(phone snubbing): 스마트폰을 비롯한 모바일 기기에 정신이 팔려서 함께 있는 사람을 무시하는 행위

― 옥스퍼드 사전

단어 자체는 처음 들어봤더라도 아마 당신도 퍼빙을 당한 적이 있고 남한테 한 적도 있을 것이다. 다른 사람과 있을 때 스마트폰을 확인하는 일이 대수롭지 않다고 여길 수도 있지만 이런 행위를 하면 심히 예의와 배려가 없어 보이고 결혼생활에서 관계 만족도를 떨어뜨릴 수 있으며, 나아가 삶의 만족도와 우울증에 간접적으로 영향을 미칠 수 있다.

내가 퍼빙을 당했던 상황을 돌이켜 생각해 보면(물론 나도 퍼빙을 한 적이 있다) 충분히 이해가 간다. 이야기하던 상대가 전화를 받으면 자신이 중요하지 않다거나 심지어 거부당하고 소외당한다고 느낄 수 있다. 게다가 흥미롭게도, 퍼빙을 당하는 사람 역시 자기 스마트폰을 집어 들고 소셜 미디어에 접속해서 무시당한다는 부정적인 기분을 도파민 분비로 타파하려고 할 가능성이 높다.

스마트폰으로 AGT에 항상 접근할 수 있게 되면서 우리는 산만해지기 쉬워졌고, 예전보다 얼굴을 마주하는 사회 교류에서 느끼는 즐거움이 줄어들었으며, 하다못해 식사하는 즐거움까지 줄어들었다.

실제로 사람들이 대화를 나누는 동안에 스마트폰을 사용하지 않고 가까이 두기만 해도 긴장감과 신뢰 문제가 생길 수 있다.

생각해 볼 문제

누군가에게 퍼빙을 한 적이 있는가? 그 계기는 무엇이었는가? 퍼빙을 당한 적이 있는가? 기분이 어땠는가?

"소중한 사람과 시간을 보내면서 스마트폰을 사용하면 상대방의 기분을 상하게 할 뿐만 아니라 디지털 기기를 치워놓았을 때보다 그 경험에서 느끼는 즐거움도 줄어듭니다."

— 브리티시콜롬비아 대학교 라이언 드와이어

삶을 놓치다

AGT에 정신이 팔리면 디지털 세계와 아날로그 세계를 막론하고 우리 삶에서 중요한 것들을 놓칠 수 있다. AGT에 몰두하다 보면 아날로그 세계 속 우리 주변에서 일어나는 일을 놓치듯, 그 기술을 의식적으로 사용할 기회도 놓칠 수 있다 (예를 들어 명상 앱을 시행하려고 스마트폰을 들었다가 인스타그램을 확인하는 데 정신이 팔리는 경우).

문제는 디지털 기기에 너무 열중하면 주변에서 무슨 일이 일어나고 있는지 인식할 수 없다는 점이다. 한 연구에서는 스마트폰으로 통화하면서 캠퍼스 광장을 걸어가던 대학생 중 75퍼센트가 근처에서 외발자전거를 타던 광대를 알아채지 못했다고 밝혔다.

"수십 년에 걸친 행복 연구에 따르면 타인과 나누는 긍정적인 소통은 우리 웰빙에 대단히 중요한 역할을 합니다. 현대 기술은 놀라울지 몰라도 손쉽게 우리를 옆길로 이끌어서 친구나 가족과 함께 나누는 특별한 순간을 빼앗아 버리곤 합니다."

— 브리티시콜롬비아 대학교 라이언 드와이어

이를 잘 설명하는 용어가 바로 기회비용opportunity cost이다. 기회비용이란 기본적으로 '어떤 한 대안 대신에 다른 대안을 선택했을 때 놓치게 되는 잠재적 이익'을 뜻하는 경제 용어다. 물론 어떤 결정을 내리든 우리는 불가피하게 다른 무엇을 놓치게 되지만 AGT의 경우 우리는 너무나 완전히 몰두한 나머지 그 대가로 포기하고 있는 시간과 주의력을 알아차리지도 못하는 경향을 보인다.

대체로 이런 일은 '시간을 때우고' 있거나 디지털 기기에 '시간을 낭비'했다고 느끼는 상황에서 발생한다. 의도했던 것보다 디지털 기기를 더 오래 사용하거나, 아무 생각 없이 디지털 기기를 사용하거나, 심지어 딱히 선택하지도 않은 경우에도 우리는 그 대신에 할 수 있었을 무엇인가를 필연적으로 포기하게 된다. 예를 들어 버스에서 스크롤을 할 때 따르는 기회비용으로는 창밖을 바라보는 고요한 순간,

모르는 사람과 나누는 대화를 들 수 있다. 넷플릭스를 몰아
볼 때는 친구와 나누는 대화, 산책, 독서 같은 기회비용이
발생할 수 있다.

> "우리는 아이의 축구 경기를 보러 가서는 뒷주머니 한
> 쪽에는 스마트폰, 다른 쪽에는 블랙베리를 넣어두고 무
> 릎 위에는 노트북을 올려놓습니다. 스크린은 전부 꺼놓
> 았더라도 축구 경기를 망치는 아이의 모습을 보는 매 순
> 간 우리는 '이 전화를 받아야 할까? 이 이메일에 회신해
> 야 할까? 이 편지 초안을 작성해야 할까?'라고 자문하게
> 됩니다. 그 대답이 '아니요'였다고 하더라도 축구 경기
> 관람 경험은 그런 생각을 하지 않았을 때와 완전히 달라
> 질 것입니다."
>
> — 배리 슈워츠

가짜 뉴스와 필터 버블

필터 버블filter bubble이란 사이트 알고리즘이 사용자와 관련
해 수집한 정보를 바탕으로 사용자가 보고 참여하고자 할
가능성이 가장 높은 콘텐츠를 선택하고 추천할 때 발생할

수 있는 지적 고립 상태를 말한다. 예를 들어 만약 내가 구글에서 기후 변화가 음모론이라는 내용을 많이 검색하고, 페이스북에서 이런 유형의 콘텐츠를 공유하고 관여하며 유튜브로 가서 추천 동영상을 줄줄이본다면 필터 버블은 대안 아이디어를 제시하지 않고 앞으로 쭉 한 가지 유형의 콘텐츠만 계속 제시해서 결국은 한쪽 이념 버블에 갇히게 될 가능성이 높다.

지적 고립이란 내가 버블 안에 혼자 있다는 뜻이 아니다. 오히려 그 반대로 이런 버블 속에서 완강한 집단이 형성되면서 다른 사람들의 견해나 다른 관점에 관한 사실조차도 나에게 닿지 않게 된다. 사이트 알고리즘은 우리가 통제할 수 있는 부분이 아니므로 우리는 자신에게 맞지 않거나 자기 세계관을 뒷받침하지 않는 정보를 능동적 혹은 수동적으로 걸러낸다. 이는 기술이 유발한 확증 편향이 되어 견고한 분열을 만들어낼 수 있다.

가짜 뉴스는 필터 버블과 밀접한 관련이 있다. 이 현상은 인류 역사를 통틀어 여론 장악부터 엔터테인먼트에 이르기까지 온갖 일에 이용됐지만, 디지털 기술의 발달로 가짜 뉴스는 유포가 빠르고 진위 검증이 곤란하다는 두 가지 측면에서 더욱 심각해졌다. 요즘에는 의도적인 거짓말을 순식간에 전 세계 곳곳에 있는 수많은 사람에게 퍼트릴 수 있다. 게다가 너무나 많은 온라인 비즈니스 모델이 '클릭할 법한' 정보 즉 '낚시성 링크' 생성을 장려하고 있어서 문제는 점점 커지고 있다. 그저 가짜 뉴스를 조사했을 뿐인데도 힐러리 클린턴이 ISIS에 무기를 팔았다는 미심쩍은 몇몇 기사를 클릭하고 싶어졌다. 페이스북에서 이와 관련한 활동이 78만 9,000건 발생했고 전부 완전히 거짓으로 밝혀졌다.

개중에는 무해한 가짜 뉴스도 있겠지만 선거 관련 가짜 콘텐츠는 엄청난 파급력과 영향력을 가졌다. BBC에 따르면 2020년 미국 대선 관련해 가장 많이 읽힌 가짜 뉴스는 진짜 뉴스보다 페이스북상 조회 수, 공유 횟수, 반응 및 댓글이 더 많았다.

월드와이드웹을 만든 팀 버너스리Tim Berners-Lee는 인터넷이 진정으로 '인류에게 공헌'할 수 있으려면 반드시 먼저 해결해야 할 가장 우려할 만한 인터넷 추세 세 가지 중 하나가 가짜 뉴스라고 말하기도 했다.

•••••

지금까지 기술이 어떻게 모순적으로 우리 사회생활에 도움이 될 수도 있고 부정적인 영향을 미칠 수도 있는지 살펴봤다. 지금부터 소개하는 실천법은 기술이 사회생활과 인간관계에 미치는 악영향은 줄이고 긍정적인 영향은 높이도록 돕고자 한다. 이는 다른 사람들과 함께 있을 때 디지털 기기를 사용하는 방법은 물론 온라인에서 소통하는 방법을 바꿈으로써 실현할 수 있다.

91
퍼빙을 피하자

2단계

이 방법을 실천할 때는 다른 사람들과 함께 있을 때 상대방이 무시당했다거나 중요하지 않다고 느끼지 않도록 스마트폰을 어떻게 사용할지 적극적으로 유념해야 한다. 현대 사회생활에서 스마트폰도 중요한 일부분이겠지만 사람들과의 교류는 건강과 웰빙에 크게 이바지하는 요소다. 앞에 있는 사람에게 집중하고 마음이 '딴 곳에 머무르지' 않도록 하면 의사소통의 질과 관계 만족도를 높일 수 있고 우울증에 걸릴 위험까지 낮출 수 있다.

"이 연구는 정말로 스마트폰이 필요하다면 이를 사용한다고 큰일 나는 건 아니라는 사실을 보여줍니다. 하지만 친구나 가족과 함께 시간을 보낼 때 스마트폰을 치워놓음으로써 얻을 수 있는 실질적이고 눈에 보이는 이득이 있습니다."

– 브리티시컬럼비아 대학교 심리학 교수
엘리자베스 던

다른 실천법들과 마찬가지로 이 역시 처음에는 어려울 수 있고, 대화에 공백이 생길 때 전화를 집어 들지 않는 게 억지스럽거나 어색할 수도 있다.

성공하는 데 도움이 될 만한 팁을 몇 가지 소개한다.

- 주의가 산만해지지 않도록 알림을 꺼놓자.
- 정말로 스마트폰을 사용해야 한다면 당신이 무엇을 하고 있는지 상대방에게 알려주자.
- 누군가와 함께 있을 때는 스마트폰을 넣어 두자.
- 퍼빙을 당할 때 기분이 어떤지 다른 사람들에게 말하자.
- 다른 사람들과 함께 있을 때는 헤드폰을 벗자.

92
적절한 경로를 선택하자

1단계

적절한 의사소통 경로를 선택하는 요령은 기본적으로 이렇다. 즉시 대응해야 하는 용무가 있다면 문자나 이메일을 보내기보다는 전화를 건다. 업무든 사생활에서든 어떤 경로로 급한 연락이 올지 알고 있으면 긴장을 풀고 모든 소통 경로에 끊임없이 주의를 기울이느라 스트레스를 받는 일이 없어진다.

업무든 사생활이든 메시지를 보내기 전에 긴급성을 고려해서 적절한 의사소통 경로를 선택하자.

친구나 가족과 이야기하면서 당신이 어떻게 소통하고 싶은지 알려주자. 당신은 어떤 경로를 사용하고 있는가? 상대방이 당신과 빨리 연락해야 한다면 어떻게 연락해 주기를 바라는가? 당신의 행동이 당신의 대응에 관한 상대방의 기대치를 설정한다는 사실도 기억하자. 상대방이 당신의 의사를 존중해 주기를 바란다면 당신도 상대방에게 똑같이 해야 한다.

직장에서도 의사소통과 관련된 혼란을 개선하는 안을 동료나 상사와 이야기할 수 있다. 그들도 이 문제로 힘들어하고 스트레스를 받고 있는가? 서로 머리를 맞대고 여러 경로를 각각 언제 사용할 것이며 이메일, 채팅 기능, 통화 등등에 어떤 대응 수준이 요구되는지에 대해서 기본적인 규칙을 세우자. 외부 관계자와 어떤 경로를 사용하면 좋을까? 조직 내 테크 라이프 밸런스와 관련한 좀 더 자세한 사항은 87쪽을 참조하자.

93
소셜 미디어 인맥을 줄이자

2단계

이 방법은 온라인 팔로워와 친구 수를 극대화하는 것과 정반대다. 소셜 미디어 계정을 살펴보면서 자신의 생활에 긍정적인 영향을 준다고 느껴지지 않거나 친밀감이 느껴지지 않는 사람이나 계정의 팔로우를 해제하자. 인맥의 양보다는 질에 초점을 맞추자.

개중에는 관계를 더 돈독히 다지고 싶은 사람도 있을 것이다. 그런 경우에는 다음 페이지를 참조해 그 관계를 키워나가자!

알고 있는가?

영국 인류학자 로빈 던바Robin Dunbar는 유명한 연구에서 인간이 인지 능력상 관리할 수 있고 언제든지 서로 이어져 있다고 스스럼없이 느낄 수 있는 의미 있는 관계의 한계는 최대 150명 정도라는 이론을 세웠다. 이 숫자를 던바의 수라고 한다.

한 걸음 더 나아가서 스마트폰 연락처 목록도 살펴보자! 던바의 수인 150개보다 적은가?

"우리 인간은 수천 명을 상대할 수 있도록 태어나지 않았습니다. 우리는 최대 150명으로 이뤄진 집단 속에 살면서 그 집단 안에서 친밀한 관계를 맺도록 생겨났습니다. 소셜 미디어를 스크롤 하거나 메시지를 확인할 때 우리는 수백, 수천 명의 사람들과 소통하게 됩니다. 우리는 그런 일에 적합하게 타고나지 않았습니다. 정말로 신중하게 접근할 필요가 있습니다. 적을수록 좋습니다."

– 언플러그드 공동설립자 헥터 휴스

94

디지털 기술을 활용해서
관계를 돈독히 하자

1단계

인간관계를 개선하고 외로움을 줄이기 위해 기술을 사용하는 좋은 방법이 있다. 특히 코로나 팬데믹 때처럼 물리적으로 고립된 시기에 이는 정말 중요한 실천법이 될 수 있으며 소셜 미디어를 스크롤 하는 것과는 완전히 다른 방법이다.

관계를 심화하고 싶은 사람이나 이야기하고 싶었지만 가까이할 기회가 없었던 사람을 떠올려 보자. 전화 통화나 긴 메일, 채팅 메시지 등 개별적인 방법으로 그 사람에게 연락하자. 이는 누군가가 올린 휴가 사진에 '좋아요'를 누른 것보다 훨씬 큰 의미가 있다.

95

스마트폰에
보금자리를 마련해 주자

1단계

서랍이나 상자 등 스마트폰을 사용하지 않을 때 항상 보관할 수 있는 장소를 집안에 마련해 두자. 집에 오자마자 그곳에 넣어 두자. 이 실천법은 열쇠나 지갑을 보관하는 습관과 함께 하면 안성맞춤이다.

성공 비결

알림을 관리하는 실천법과 함께 알림을 받고 싶은 내용에 대해서만 신경을 쓸 수 있도록 하자. 스마트폰을 사용한 다음에는 다시 보관 장소에 넣어 두자!

"집에서는 스마트폰을 방해 금지 모드로 해두고 충전기를 꽂아서 주방 조리대 위에 있는 그릇에 넣어 둡니다. 끊임없이 알림이 울리지 않으니 아예 확인하지 않게 되더군요. 덕분에 정말 좋았고 배우자와 함께하는 시간과 취미 시간을 온전히 즐길 수 있었습니다."

— 스마트폰 없는 날 참가자

96

일과 중에 가족에게
메시지를 보내지 말자

2단계

가족에게 메시지를 보낼 때마다 현재에서 주의를 돌리게 된다. 회신이 오기를 기다리는 동안 정신적으로 대기 상태가 되면서 한층 더 집중력이 흐트러진다.

가족과 주고받는 메시지가 의미 있는 소통처럼 느껴질 수도 있지만 일과 중에 메시지를 많이 보낼수록 퇴근 후 집에서 나누는 대화가 줄어들고 결국 그 공백을 메우기 위해 스크린 타임이 늘어난다고 말하는 사람이 많다. 얼굴을 마주 보고 소통할 때 훨씬 더 강한 유대감을 느낄 수 있으므로 끊임없는 메시지 송수신을 그만두도록 노력해 볼 가치가 있다!

그렇다고 해서 일하는 동안에 배우자나 가족에게 절대

로 메시지를 보내면 안 된다는 뜻일까? 물론 아니다! 하지만 꼭 필요한 경우에만 메시지를 주고받도록 노력하는 것이 바람직하다.

"저는 친구들과 커플에게 온종일 서로 문자를 주고받는 습관에서 벗어나라고 강력하게 추천합니다. 그 대신에 상대방과 한자리에 있으면서 귀 기울여 들을 수 있는 저녁 식사 시간에 밀린 이야기를 전부 자세하게 하세요."

— 디지털 웰니스 코치이자 프로젝트비 설립자
아냐 페치코

97

취미를 가지자

2단계

예전에는 즐겨했지만, 요즘은 좀처럼 할 시간이 나지 않는 일(아니면 늘 해 보고 싶었던 재미있는 일)을 떠올려 보고 다른 사람과 함께 그 일을 해 보자! 꼭 성공할 수 있도록 몇 주일 연속으로 매주 그 일을 일정에 넣어보면 어떨까? 취미는 디지털 기기에서 벗어나 함께 시간을 보내는 멋진 방법으로 당신도 곧 취미를 즐기는 시간을 고대하게 될 것이다! 새로운 언어나 요리, 춤, 악기 연주, 프로그래밍, 디자인은 물론 마술처럼 완전히 생소한 취미도 좋다. 당연한 말이지만 새로운 취미에 디지털 기기를 활용할 수도 있다.

인터넷은 다른 곳에서라면 대가를 지불해야 하는 지식을 무료로 얻을 수 있는 훌륭한 정보원이다. 인터넷을 활용해 보면 어떨까? 이는 디지털 기기를 다른 방법으로 사용하는 데 익숙해지는 좋은 방법이기도 하다. 여가에 디지털 기기를 사용하는 것은 좀 더 지속 가능하고 건강한 도파민 분비를 일으키는 활동에 참여하는 셈이다.

98
사실 확인과 가짜 콘텐츠 대처

2단계

가짜 콘텐츠는 나날이 고도화되고 있어서 가짜 뉴스 기사부터 신용카드 정보를 노리는 가짜 이메일, 사람의 얼굴과 목소리를 다른 사람의 얼굴과 목소리로 바꾼 동영상을 가리키는 딥페이크deep fakes에 이르기까지 갖가지 형태로 나타날 수 있다. 온라인 콘텐츠를 이용할 때는 다음을 유념하도록 하자.

1. 읽은 내용에 대해 곰곰이 생각하자. 그것은 합리적인가? 그럴 법한가? 상식과 회의적인 태도를 총동원하자. 이상하게 보인다면 실제로 그럴 가능성이 높다.
2. 그럴 법하지 않은 콘텐츠는 검증하자. 출처를 확인하고

가능하다면 다른 경로들과 비교해 상호 참조하자.

3. 클릭하기 전에 신중하게 생각하자. 그저 낚시성 링크, 즉 클릭하게 하려고 뽑은 자극적인 헤드라인은 아닌가?

4. 공유하기 전에 신중하게 생각하자. 기사 전체를 읽고 조사한 다음에 공유 여부를 결정하자. 문제에 휘말리지 말자!

뉴스를 검증하고 싶다면 온라인에서 가짜 뉴스 검증 프로그램을 확인해 보자.

또 한 가지 고려해야 할 사항은 소셜 미디어에 돌아다니는 이른바 봇bot이다. 봇은 주로 가짜 신상을 가진 계정으로 전체 계정 중 약 10퍼센트에서 20퍼센트를 차지한다. 이런 봇은 부분적 혹은 전적으로 자동화되어 있으며 인간 사용자를 모방하도록 설계된 경우가 많다. 또한 특정한 인물이나 운동의 인기를 높이거나, 선거에 영향을 미치거나, 금융 시장을 조작하거나, 피싱 공격을 늘리거나, 스팸을 퍼트리는 등 악의적으로 사용되는 경우가 많다. 소셜 미디어 봇은 사용량과 모방 기술 양쪽 측면에서 지속적으로 증가하고 있으며 암시장에서 매매할 수 있다. 위에 소개한 사항 외에도 어떤 계정이 봇인지 판단하기 위한 구체적인 팁을 몇 가지 소개한다.

프로필 사진으로 '반전 이미지 검색reverse image search'을 실시해서 해당 계정이 웹에서 구한 다른 사람의 사진을 사용하고 있지 않은지 확인하자.

게시물을 올린 시간에 주목하자. 거주 지역 표준 시간대와 맞지 않는 시간대에 자주 게시물을 올리거나 매일 몇 분마다 게시물을 올린다면 이는 위험 신호다.

기계 학습을 활용해 봇의 행동을 탐지하는 봇체크닷미botcheck.me 같은 봇 탐지 서비스를 사용하자.

가짜 콘텐츠를 발견했을 때 자기가 할 수 있는 대처를 하고 싶다면 디지털 양극화 이니셔티브Digital Polarization Initiative에 참여하거나 페이스북에 가짜 뉴스를 신고할 수 있다.

99

낯선 사람에게 말을 걸자

2단계

이것과 기술이 무슨 관계가 있을까? 아주 많다! 스마트폰을 들여다보고 있든, 이어폰을 끼고 걷든 간에 디지털 기술은 우리가 바빠 보이고 낯선 사람과의 교류를 피하는 듯 보이게 만들었다. 요즘 우리는 사람과의 연결이 웰빙에 꼭 필요하다는 사실을 잊고 산다!

그러니 버스에 탔을 때나 줄을 서 있을 때, 카페나 엘리베이터 안에 있을 때 우리 대부분에게 주어지는 기회를 잡아 보면 어떨까?

한 연구에서 커피를 사면서 점원을 상대로 웃고, 눈을 맞추고, 대화를 주고받은 참가자는 필요 이상으로 교류하지 않은 참가자와 비교할 때 교류 후에 기분이 좋아졌다. 낯선 사람과 교류하고 그들을 신뢰하는 것은 자신의 웰빙과 상대방의 웰빙, 심지어 사회 건전성에도 중요하다고 시사하는 연구들도 있다. 낯선 사람을 향한 친절한 행동은 청소년의 높은 자존감과 관련이 있다. 미국과 캐나다에서 낯선 사람에 대한 신뢰는 개인의 웰빙과 상관관계를 나타냈다.

낯선 사람에게 말을 걸려면 처음에는 어색하게 느껴질 수도 있지만, 다들 이런 일상 속 기회를 잡아보기 바란다. 그들이 당신을 어디로 이끌지 누가 알겠는가? 과장이 아니라 지난 몇 년 동안에 나는 낯선 사람에게 말을 건 덕분에 직간접적으로 업무 기회, 새로운 친분, 이 책과 관련된 아이디어 등을 얻었다. 대부분이 온라인에서는 그 어느 때보다도 낯선 사람들과 많이 교류하고 있지만, 실생활에서 마지막으로 낯선 사람과 대화해봤을 때는 언제인가?

"낯선 사람과 이야기를 나누면 더 행복해지고 공동체와 유대 관계가 돈독해지며, 정신이 더욱 또렷해지고 더 건강해지는 한편, 외로움을 줄어들고, 신뢰심이 깊어지고, 낙관적이게 된다는 연구 결과는 계속해서 나오고 있다."

— 조 코헤인, 『낯선 사람에게 말을 걸면』에서 발췌

100
디지털 기술과 우리의 관계를 관찰하고 성찰하자

1단계

AGT를 사용하는 사람들을 적극적으로 찾아보자. 무엇이 보이는가? 주변 사람들이 AGT를 어떻게 사용하는가? 당신은 어떻게 사용하고 있는가? 정말로 AGT가 주변 사람들의 관심을 사로잡고 있는가? 그저 아무 생각 없이 사용하는 듯 보이는 사람이 눈에 띄는가? 당신은 디지털 기술이 도구로 쓰이고 있다고 느끼는가? 가치를 더하고 있는가? 퍼빙이 많이 보이는가? 어떤 감정을 느끼나?

이런 식으로 디지털 기술을 사용할 때 어떤 기회들을 놓치는지 인식하도록 노력하자. 당신이 언제 '시간을 낭비' 하는지 의식하도록 애쓰고 시간이라는 귀중한 자원을 당신을 행복하게 만들거나 장기적인 웰빙에 도움이 되는 대상에 관심을 쏟자.

"앞으로 당신은 디지털 기술과 점점 더 많은 관계를 맺게 될 테니 지금 관찰하기 시작하십시오. 지금이 바로 내가 이 기술과 바람직하고 견고한 관계를 맺을 수 있을지 생각할 시간입니다. 이 행성 위를 떠돌아다니는 한 인간으로서 디지털 기술과 거리를 둘 공간을 찾을 수 있는 관계를 말합니다. 이 관계가 앞으로 몇십 년 동안에 이를 구축한 사람들에게 대단히 강력하고 중요해질 것이라고 생각합니다."

— 마인드 컨설턴트 TJ 파워

AGT는 단 10년에서 15년 만에 우리가 살아가는 방식을 완전히 바꿔놓았고 그 혁신 속도는 계속해서 빨라질 것이다. 새로운 디지털 기기 유형이 생겨나고, 새로운 기술이 개발되고, 디지털 세계와 아날로그 세계를 구분하는 선은 점점 더 모호해질 것이다. 디지털 기술로 인해 잃는 것보다 얻는 것이 많으려면 반드시 디지털 기술과 우리의 관계에 대해 성찰해야 한다.

미래 기술이 어떤 기회와 난관을 가져오든 간에 이 실천법을 항상 유념하기 바란다.

101
헤매면서 살아가자!

1단계

마지막 실천법은 놓아버리는 것이다. 디지털 기술을 사용해서 생활의 모든 부분을 최적화하기를 멈추고, 피드와 업데이트, 이메일과 뉴스에 집착하기를 그만두고 그냥 인생을 그 기복, 성패와 더불어 살아가자. 이 책에서 여러 번 언급했듯이 디지털 기술은 우리 삶을 크게 개선할 수 있다. 반면에 버스에 탑승했을 때 불편한 지루함, 대화 중에 생기는 불편한 침묵, 지도를 읽는 번거로움, 모르는 사람에게 질문을 하거나 길을 잘못 드는 불편함 등 불편한 일을 피하려고 디지털 기술을 이용하는 경우도 점점 늘어나고 있다. 하지만 불편함이나 지루함은 많은 사람이 개인 성장의 열쇠라고 주장하는 인생의 한 측면이다.

어디서부터 시작해야 할지 막막한가? 이 실천법을 시도할 무척 실용적인 방법을 소개한다. 스마트폰 내비게이션 기능을 사용하지 않고 가려는 곳을 찾아가 보자. 온라인 평가를 확인하는 대신에 돌아다니면서 둘러보며 음식점을 고르거나 낯선 사람에게 좋아하는 곳이 어디인지 물어보자. 이메일을 보내는 대신에 동료에게 다가가서 직접 물어보자. 생활 속 어떤 상황에서 '개선'과 '최적화'를 위해 디지털 기술을 사용하는지 생각한 다음, 효율성을 높이기 위해서가 아니라 풍부한 인생 경험을 쌓기 위해 이를 달리 할 수 있는 방법을 생각해 보자.

"타이베이를 여행하던 커플은 가장 유명한 사찰에 가고 싶었지만 연구에 참여하던 중이라 구글 맵을 사용할 수 없었습니다. 그들은 도중에 길을 잃어 우연히 숨은 사찰을 발견했고 그곳에서 주지 스님을 만나 한 시간 동안 앉아 있다가 송별 선물까지 받았습니다. 구글 맵에서 가르쳐 주는 길을 따라갔더라면 놓쳤을 독특한 경험이었죠."
— 오클랜드 기술대학교 레나 웨이제네거 박사

헤매면서 살아가다 보면 어떤 뜻밖의 사건이 일어날지 누가 알겠는가?!

결론과 향후 예상

미래를 예측하기란 어려운 일이다. 기술 진보가 앞으로 인간의 삶에 어떤 영향을 미칠지, 앞으로 어떤 혁신이 일어날지 예상하기란 특히 어렵다.

2007년 아이폰이 등장한 이래 AGT의 디지털 기술 진화와 그것이 우리 삶을 얼마나 짧은 시간에 급격하게 바꾸는지 보면서 나는 곧장 미래를 생각한다. 앞으로 100년이 아니라 불과 몇 년 뒤를 생각한다. 첨단 기술 기업들이 대중의 채택(혹은 승인?!)을 기다리는 깜짝 놀랄만한 기술이 이미 나와 있고, 이를 보완한 기술이 개발 중이다. 메타버스Metaverse(3차원 가상 세계―옮긴이), 뉴럴링크Neuralink(인간의 뇌와 컴퓨터 결합을 연구하는 기업―옮긴이), 초고도 AI와 기계 학습, 디지털 비서, 자율 주행차 같은 기술을 보면 때때로 SF 영화 속에 살고 있는 듯한 기분을 느낀다.

하지만 이 모든 것이 과연 필요할까? 조직 차원에서는 365일 24시간 내내 쉬지 않고 일하는 하드웨어와 소프트웨어 로봇이 있으니 인간 노동자는 비판적 사고가 요구되는 부가 가치 업무에 집중할 시간을 확보할 수 있다. 하지만 그 결과로 직원들이 해고될 위험도 있다. 개인 차원에서는 우리 삶에 효율성을 더하고 시간을 확보할 기술이 이미 많이 있다. 사물 인터넷이 대두하면서 한층 더 많은 시간을 확보할 수 있게 됐다. 인공 지능 냉장고가 주스가 떨어져 가는 것을 감지해 당신이 제일 좋아하는 브랜드를 자동으로 주문하면 드론이 주스를 현관까지 배달해 준다. 스마트폰은 목적지로 가는 가장 빠른 경로를 계산하고 자율 주행차가 그곳까지 데려다준다. 자녀가 차고 있는 스마트워치는 아이가 잠들기까지 걸리는 시간을 줄이는 최적의 취침 시간을 알려준다. 잠깐 휴식이 필요할 때면 아이패드가 아이를 봐준다.

기술이 진보한 덕분에 우리가 인생에서 좀 더 의미 있는 것들에 집중할 수 있다고 주장하는 사람도 있을 것이다. 하지만 인생에서 의미 있는 것들이란 무엇일까? 기술 진보 덕분에 생긴 여가 시간에 우리는 무엇을 하는가? 기술이 대신해 주는 그 순간들이 실은 우리 경험의 일부가 아닐까?

길을 잘못 들거나, 주스가 떨어져서 가게에 사러 가거나, 로봇에게 시키는 대신 직접 잔디를 깎는 경험에도 가치가 있을지도 모른다. VR 고글을 쓰고 디지털 세계 속 해변에 앉아 있는 것보단 쏟아지는 빗속을 산책하면서 삶의 의미를 찾게 될 수도 있다.

굳이 인생의 목적을 논할 생각은 없지만 많은 사람이 가장 먼저 떠올리는 주제를 꺼내 보려고 한다. 행복해지는 비결은 무엇일까? 가장 오랫동안 진행 중인 행복 연구 중하나인 하버드 성인 발달 연구Harvard Study of Adult Development는 이 질문에 답을 제안한다. 이 연구는 1938년 당시 10대 청소년이었던 남성 700여 명을 추적 조사했다. 참여자들의 사회경제적 배경은 보스턴 최빈곤층부터 하버드대학교 학부생에 이르기까지 다양했다. 그들은 2년마다 생활에 관한 구체적인 질문을 받았고, 피험자 본인은 물론 배우자도 대면 면담을 받았다. 또한 의료 기록과 뇌 스캔 분석, 생활과 건강, 행복에 관한 여러 조사가 이뤄졌다. 이 연구 참가자들은 저마다 살아가는 동안 아주 다양한 직업, 지리적 위치, 가족 구성으로 갈라졌다. 부자가 된 사람도 있고 가난한 사람도 있었으며 미국 대통령이 된 사람도 있었다.

이처럼 다양한 운명이 거미줄처럼 뒤얽힌 속에서 연구자들은 행복의 공통분모 한 가지를 발견할 수 있었다.

"75년 동안 지속한 이 연구에서 확인한 가장 명확한 메시지는 바로 좋은 관계가 행복과 건강의 비결이라는 사실입니다."

— 하버드 성인 발달 연구 책임자, 로버트 윌딩어

이와 관련해 유의할 사항이 두 가지 있다.

1. 사회적 친분은 행복과 건강으로 이어지는 반면, 외로움은 행복도를 낮출 뿐만 아니라 수명도 줄인다.
2. 관계의 질이 수보다 더 중요하다. 보호받고 지지받으며 상대방에게 의지할 수 있는 관계가 필요하다.

다시 기술로 돌아가자. 하버드 연구에서 얻은 지식을 바탕으로 판단할 때 관심을 끄는 기술은 행복도를 떨어뜨리고 있을까? 나는 그렇게 생각한다. 기술을 사용해서 더 행복해질 수 있을까? 이도 그렇다고 생각한다. 하지만 우리가 무엇을 하고 있는지는 인식하고 있어야 한다.

기술 덕분에 생긴 시간을 사용해 인간관계에 집중한다면 우리는 기술로 인간의 경험을 개선하고 더 행복해질 수 있다고 생각한다. 마찬가지로 의식해서 기술을 사용하면 양질의 사회적 친분을 쌓을 수 있다. 기술과 시간을 온라인 팔로워나 친구 수를 수천 명 단위로 늘리는 데 쓰는 대신, 같은 기술을 사용해서 소수의 사람과 친밀하고 깊은 관계를 맺을 수 있다.

발표된 연구 대부분이 디지털 기술이 건강에 미치는 부정적인 영향을 언급한다. 반면에 그런 걱정이 과장되어 있고, 예를 들어 소셜 미디어가 정신 건강에 미치는 영향에 대해 결론을 내리기에는 너무 이르다고 주장하면서 연구자와 기술 기업 간의 협력이 필요하다고 강조하는 연구도 있다.

내가 보기에 이런 연구들은 아주 간단하고 논리적으로 요약할 수 있다. 디지털 기술을 사용하는 데 지나치게 많은 시간을 소비하면 부자연스러운 자세로 앉아 팔과 손가락을 움직이고, 이는 엄지, 팔, 목 통증을 유발한다. 또한 오랫동안 앉아 있고 신체 활동이 줄어들므로 비만과 심장 질환 등 다양한 질병에 걸릴 위험이 증가한다. 장시간 밝은 스크린을 가까운 거리에서 응시하면 눈에 영향을 주게 되고 그렇게 선명하고 큰 소리로 장시간 음악을 들으면 귀에 손상을 주게 된다.

소셜 미디어에서 긍정적인 피드백을 받을 목적으로 어떤 일을 하고 자기 경험을 온라인에 공유하는 데 지나치게 정신이 팔리면 그 경험과 삶에서 오는 기쁨과 추억, 나아가

장기적 웰빙까지 감소한다. 외로움이나 불안감에서 벗어나려고 온라인에 접속하면 앞으로도 그런 상황이 개선될 가능성은 낮고 오히려 기분이 더 나빠질 수도 있다. 취침 시간 무렵에 정보를 다량으로 접하면 마음이 피곤해지면서 수면의 질과 취침 시간에 영향을 미친다. 새로운 디지털 기기를 너무 자주 구입하면 지구의 자원이 부족해진다. 항상 주의가 산만하면 일이나 공부, 앞에 있는 사람에게 집중할 수 없다.

하지만.

디지털 기술을 중독적인 방식이 아니라 도구로 사용한다면, 즉 기술을 균형 잡힌 방식으로 의식적으로 사용하기 시작하면 디지털 기술은 우리 웰빙을 뒷받침하고 인간관계를 개선하고 생산성을 높이며 우리가 더 행복하게 살아가도록 해줄 수 있다.

생산자가 주도하는 혁신과 우리 관심을 얻으려고 다투는 경제 상황에서 우리는 테크 라이프 밸런스를 이야기할 뿐만 아니라 주도적으로 선택하기 시작해야 한다. 오늘의 기술을 어떻게 사용할지, 어떻게 해야 사방에서 일어나고 있는 급속한 혁신에 제대로 대처할 수 있을지, 내일의 기술은 어떤 모습이어야 할지 선택해야 한다. 내가 이 책을 쓰고 나서 몇 년이 흐르고 기술이 내가 잘 아는 범위에서 더 진보한 후에도 이 책이 계속해서 의미를 갖기를 바란다.

앞으로도 의미 있고 결코 시대에 뒤떨어지지 않을 핵심 질문들은 다음과 같다. 어떻게 하면 디지털 기술에 집중력을 빼앗기지 않고 건전하게 사용할 수 있을까? 어떻게 하면 디지털 기술을 의식적으로 나에게 도움이 되도록 사용할 수 있을까? 어떻게 하면 기술을 상냥하고 배려심 있게 사용할 수 있을까? 이 책에서 딱 한 가지를 선택해 당신에게 심을 수 있다면 자기 자신과 다른 사람의 디지털 기술 이용을 관찰하는 의식을 심고 싶다.

지금 이 세상에 주의를 분산시키는 건 더 필요하지 않다. 주변 사람들, 나아가 지구와 더 친해져야 한다.

이 책을 읽고 내 생각을 공유할 수 있는 기회를 준 당신에게 감사한다. 이 책에서 소개한 지식과 인식, 실천법은 분명히 당신의 삶에 가치를 더하고, 건강과 집중력, 인간관계를 개선할 수 있다. 한 발짝 더 나아가서 당신의 인생을 바꿀 수 있다고도 말하고 싶다.

기억하자.

중요한 것은 무엇을 알고 있는지가 아니다. 그 지식으로 무엇을 '하는지'가 모든 차이를 낳는다.

자주 묻는 질문

디지털 기술과 그 사용이라는 주제는 모두와 관련이 있다는 점에서 흥미롭다. 게다가 일반적으로 사람들은 디지털 기술을 논의하는 데 무척 열심이고 아주 훌륭한 질문을 한다. 옳은 답도 틀린 답도 없지만 내가 받은 질문 중에 가장 보편적인 몇몇 질문과 그에 관한 내 생각을 모아봤다.

Q 어떻게 하면 팬데믹 상황에서도 끈끈한 친분을 유지하는 동시에 적절한 디지털 균형을 맞출 수 있을까요?

A 테크 라이프 밸런스라는 주제 전체의 정곡을 찌르는 질문이네요. 이는 기술을 사용할 때 의도와 목적을 가지는 것과 관련이 있습니다. 소셜 미디어 스크롤은 팬데믹으로 발생한 고립 상황을 악화시킬 수 있지만 사랑하는 사람에게 거는 전화(음성이든 영상이든)나 저녁 시간에 줌

으로 즐기는 보드게임은 친분을 키우고 유지할 수 있습니다. 제 경우에는 온라인 실시간 프레젠테이션으로 친분을 유지하고 돈독히 한다고 느낍니다. 통화하는 두 사람이 시간을 들여 귀를 기울여서 듣고 상대방에게 100퍼센트 집중하는(전화 통화하면서 소셜 미디어를 스크롤 하지 않는!) 좀 더 사적인 일대일 통화도 마찬가지예요. 저는 가끔 세계 곳곳의 친구와 가족들이 보낸 채팅 메시지가 감당하기 힘들 때가 있어요. 스트레스를 받아서 결국 답을 보내지 못하고, 그러면 더 기분이 나빠지죠! 하지만 딱 10분이라도 전화 통화를 하면 세상이 크게 달라집니다.

Q 어제 저는 200명이 넘게 참석하는 줌 회의를 진행했습니다. 회의는 1시간 반이 넘게 이어졌고 끝난 후에 저는 완전히 지쳐버렸어요. 왜 그렇게 힘들었을까요? 이런 일에 어떻게 대처해야 할지 조언해 주실 수 있나요?

A 200명이 참석하는 대면 행사를 진행했더라도 아마 똑같이 지쳤을 겁니다. 하지만 분명히 몇 가지 차이점이 있고 이에 적용할 수 있을 법한 해결책도 있습니다.

대면 행사에서는 주변 사람들에게 실시간으로 피드백

을 받습니다. 사람들의 몸짓 언어를 읽고, 농담을 하면 웃는 소리가 들리고, 사람들이 집중력을 잃는 모습도 목격합니다. 온라인에서는 이 모든 행위가 훨씬 어렵습니다. 대규모 집단이 참석하는 경우에 제가 할 수 있는 최선의 조언은 모든 사람을 아주 작은 사각형으로 보여주는 '갤러리 보기' 기능을 사용하지 말라는 것입니다. 이는 상당한 스트레스를 유발할 수 있어요. 그 대신에 가능하다면 최대 8명까지를 보여주는 '썸네일 보기' 기능을 사용하세요. 그리고 발언할 때는 사람들 얼굴이 보이는 스크린이 아니라 카메라를 보도록 하세요!

다음으로, 대면 행사에서는 자기 얼굴을 한 시간 반 동안 바라보면서 오늘 헤어스타일이 어떤지나 주방 조명이 정면으로 비추는 여드름이 어떻게 생겼는지를 고민하지 않죠. 이는 '셀프뷰 끄기' 기능을 사용해서 쉽게 고칠 수 있습니다.

마지막으로 대면이든 온라인이든 휴식의 힘을 과소평가하지 마세요. 짧은 휴식 시간을 반드시 마련해서 사람들이 일어나거나 잠깐 돌아다니면서 신선한 에너지를 얻도록 하세요. 1시간 반 동안 회의를 한다면 30분이 지난 뒤에 5분 쉬고, 끝나기 20분 전에 한 번 더 3분간 휴식하면 좋을 것 같네요.

Q 버스에 앉아서 스마트폰을 스크롤 하는 것과 책이나 신문을 읽는 것이 딱히 다른가요?

A 어떻게 보면 이런 행위들은 무척 비슷합니다. 따분하기 쉬운 빈 시간을 기분이 좋아지는 일로 채우는 거죠. 하지만 독서는 뇌 연결성 향상, 어휘 증가, 공감 능력 강화, 스트레스 완화 등 여러모로 건강에 이롭지만 소셜 미디어 스크롤은 오래 할수록 악영향을 끼칠 수 있습니다. 스크롤을 하면서 접하는 정보의 양이 너무 방대하다 보니 긴장이 풀리기보다는 오히려 자극을 받습니다.

Q 아직 스마트폰이 없는 11살짜리 딸이 학교에서 쉬는 시간은 물론이고 때로는 수업 시간에도 친구들이 전부 스마트폰만 들여다본다고 불평합니다. 딸에게 스마트폰을 사 주기는 내키지 않지만, 아이가 소외감을 느끼지 않았으면 좋겠습니다. 어떻게 하면 좋을까요?

A 딸이 어떤 디지털 기기를 가져야 할지 적극적으로 고민하고 당신이 아는 대로 딸을 인도하려고 애쓰는 모습이 정말 멋집니다. 본인의 입장이 확고하다고 느낀다면 학교 측과 다른 부모들, 아니면 학부모회에 말하는 것이 좋습니다. 소셜 미디어와 스크린 타임 과다 사용은 학부모 대상 설문에서 늘 최대 걱정거리 중 하나로 꼽히므로

당신만 그런 딜레마에 빠져 있지는 않을 것입니다. 어쩌면 당신은 그냥 가장 오래 버틴 부모일지도 모릅니다!

학교들은 디지털 기기 정책을 점점 더 검토하고 있고 저는 다양한 길을 택한 학교 관계자들을 만나봤습니다. 아예 스마트폰을 금지하는 정책을 쓰는 학교도 있고, 학생이 스마트폰을 학교에 가져올 수는 있지만 오전 중에 교사에게 제출하고 오후에 돌려받는 타협안을 쓰는 학교도 있습니다.

학교와 학부모회에 말하기는 너무 부담스럽고 결국 딸에게 스마트폰을 사주기로 결정했다면, 딸의 기대치, 스마트폰의 용도, 딸에게 이익이 되도록 스마트폰을 최대한 활용하는 방법, 물론 안전에 관한 사항까지도 딸과 이야기하기를 추천합니다. 이와 관련된 훌륭한 정보를 인터넷에서 무료로 구할 수 있습니다.

마지막으로 이는 무척 까다로운 문제이지만 전혀 새롭지 않은 문제라는 점도 기억하세요. 어릴 적에 저도 특정 장난감이나 기구를 가지고 있거나 통금 시간이 늦은 아이들을 가리키며 늘 부모님이 정해 놓은 경계를 벗어나려고 애썼으니까요.

Q 이 책에서 소개하는 실천법은 어른들이 따르기에는 훌륭해 보이지만 부모에게 소리 지르는 열일곱 살짜리가 따르기에는 어려운 원칙 같습니다.

A 먼저 당신은 습관을 이미 바꾸셨나요? 제가 드리는 첫 번째 조언은 항상 자기 자신부터 시작하라는 것입니다. 순조롭게 흘러간다면 아이도 당신이 노력을 기울이는 모습을 보면서 조금씩 습관을 바꿔나가기 시작할 것입니다. 디지털 기술, 특히 소셜 미디어 사용은 아이들이 어떤 것을 간절히 원하고 우리가 그것을 조절하는 법을 아이들에게 가르쳐야 하는 양육의 다른 측면들과 똑같습니다. 아이들을 최대한 논의에 참여시키세요. 가능한 한 협력하되, 스크린 타임은 권리가 아니라 특권이라는 사실도 명확히 해주세요. 온라인에 훌륭한 지원 자원이 많이 있고, 개중에는 청소년들이 청소년과 부모를 위해서 만든 자료도 있습니다.

Q 저는 요리하는 동안에 아이들이 아이패드로 동영상을 보게 합니다. 그게 나쁜 일인가요?

A 어쩌다 한 번씩 그렇게 한다면 괜찮습니다. 하지만 아이패드로 동영상을 보여줘야만 요리를 할 수 있다면 이는 문제입니다. 아이들이 지루함을 느끼고 자제력과 상

상력을 기를 중요한 순간을 놓치게 되니까요. 요리하는 동안 아이들이 자기 수준에 맞게 도울 수 있는 일이 있지 않을까요? 어른들이 요리나 설거지, 청소를 해야 할 때 '만' 등장하는 장난감 상자를 마련하는 것도 좋은 방법입니다.

Q 디지털 기술에 반대하시나요? 디지털 기술이 생겨나기 이전 시대가 더 좋았다는 말인가요?

A 저는 결코 기술에 반대하지 않습니다. 예전이 더 좋았는지 어떤지는 솔직히 모릅니다. 하지만 선택지가 적었던 만큼 '더 수월'했다고는 생각합니다. 우리는 지금 이 시대를 살아가고 있고 기술 발달은 현실적으로 되돌릴 수 없습니다. 가장 중요한 것은 우리가 기존 기술 및 신기술을 사용하는 이유, 그런 기술이 더하는 부가 가치, 그 기술을 가능한 바람직하게 사용할 수 있는 방법, 기술이 무엇을 빼앗아 가고 있는지, 장점은 취하면서 악영향은 피하도록 기술을 균형 있게 사용할 수 있는 방법을 곰곰이 생각하는 것입니다.

부록: 전문가와의 인터뷰

1. 심리학자, 양육 코치 겸 디지털 웰니스 전문가 테오도라 파브코비치와 나눈 인터뷰에서 발췌

Q 청소년의 정신 건강과 소셜 미디어 사용 사이에는 어떤 상호작용 및 관련성이 있을까요?

A 2021년 〈월스트리트저널Wall Street Journal〉이 대대적으로 보도한 기사에서 우울증을 겪고 있는 10대 소녀 중 3분의 1이 그 원인으로 인스타그램 사용을 지목했다고 언급했습니다. 즉 인스타그램에서 겪은 경험이 우울한 기분을 유발한 원인이고, 아마도 외모 비교 때문일 가능성이 높습니다. 이를 비롯한 많은 사례에서 보듯이 온라인 소통과 특정 가상공간에서 보낸 시간은 괴로움과 정신 건강 악화를 일으킬 수 있습니다. 또한 이미 우울증을

겪고 있는 젊은이들이 온라인에서 소통하는 데 더 많은 시간을 보내는 경향이 있음을 보여주는 연구들도 있습니다. 지원이나 정보를 구하기도 하고 현실 도피가 목적인 경우도 있을 것입니다. 정신 건강 및 웰빙과 온라인 세계 사이에는 대단히 강력한 연관성이 있습니다. 하지만 인과관계는 양방향으로 발생할 수 있으므로 이 점에 유의해야 합니다. 특히 소셜 미디어를 사용하는 청소년 자녀를 둔 부모라면 더욱 그렇습니다. 특정한 소셜 미디어 플랫폼을 어떻게 사용하는지에 따라서 청소년의 정신 상태가 나빠지거나 좋아질 가능성은 충분히 있습니다. 만약 자기와 비슷한 고민을 겪었고 유용한 통찰력을 가졌으며 지원과 배려를 아끼지 않는 사람들을 따를 수 있다면 아주 멋진 일일 것입니다. 반면에 청소년 자녀가 온라인에서 주로 자기 자신과 인플루언서를 비교하거나, 음란물을 보게 되거나, 사이버 폭력을 경험(정신 건강 문제를 경험하고 있는 청소년들에게 중대한 문제)한다면 당신은 자녀의 디지털 기기 사용 습관에 좀 더 주의를 기울이고 관련 대화를 자주 나누면서, 아이가 무엇을 하고 있고 어떻게 하고 있으며 누구와 함께 얼마나 많이 하고 있는지 확실히 파악해야 합니다.

Q 청소년들과 그런 대화를 나누기가 어렵다고 느끼는 어른들이 많습니다. 이 문제에 관해서 보호자들은 어떻게 청소년 자녀를 지원하고 도와줄 수 있을까요?

A 미국에는 현재 젊은이와 그들의 디지털 기술 체험을 전문으로 다루는 비영리단체가 꽤 많이 있습니다. 룩업닷라이브LookUp.Live를 비롯한 여러 단체가 10대 후반 청소년과 대학생들이 자기보다 어린 Z세대들과 이야기하도록 장려하는 프로그램과 행사를 진행하고 있습니다. 이는 세대 간의 대화를 촉진하고 그 자리에 있는 어른으로서 조금 물러나 있는 훌륭한 방법이라고 생각합니다. 또한 밀레니얼 세대와 Z세대 중 상당수가 디지털 기술이 미칠 수 있는 잠재적인 악영향을 인식하고 있습니다. 여전히 트렌드와 대중문화를 의식하지만 디지털 기기에 '중독'된 상태는 아닙니다. 그러니 부모가 직접 이런 대화를 나누기가 어렵더라도 다른 젊은이들에게 도움을 구할 수는 있습니다. 젊은이들끼리 서로 대화를 나누게 하는 게 큰 도움이 됩니다.

제가 부모들(및 교육자)에게 항상 말하는 한 가지는 이런 대화를 자녀가 중학생이나 고등학생이 된 이후에 시작하면 너무 늦다는 사실입니다. 이런 대화는 그보다 훨씬 일찍 시작해야 하고, 일찍 시작할수록 더 쉽게 그런 대화를 계속해 나갈 수 있습니다. 일단 아이가 특정 소셜 미디어나 게임 플랫폼을 사용하기 시작하면 그것이 어떻게 보이고 어떤 느낌인지, 겉과 속, 장점과 단점을 속속들이 물어보는 것이 좋습니다. 과도한 사용 및 사이버 폭력 등 발생할 수 있는 문제에 대처할 전략을 생각해보고, 어떻게 하면 아이가 온라인에서 자기 자신을 좀 더 안전하고 건강하게 지킬 수 있을지 관련된 문제를 직접 해결할 수 있도록 도와주세요. 대화는 초등학생 때부터 시작해야 하고, 어리게는 유치원생 때부터 디지털 기기 사용에 대해 이야기하는 방법도 있습니다.

Q 청소년 자녀가 이미 소셜 미디어를 과도하게 사용하고 있다면 너무 늦었을까요?

A 어떤 면에서 볼 때 늦게 시작하게 됐더라도 너무 늦은 때란 없습니다. 아이가 이미 소셜 미디어 같은 다양한 플랫폼을 사용해 본 경우 이미 그런 경험을 해봤다는 장점이 있습니다. 그러면 대화할 때 사용할 수 있는 소재가 많이 있기 마련입니다.

부모가 알아야 할 가장 중요하고 든든한 사실은 아이들은 어리석지 않다는 점입니다! 어른들의 생각만큼 무지하지 않습니다. 아이들도 이 기술의 부정적인 측면이 무엇인지 압니다. 하지만 당신이 어떻게 접근하느냐에 따라 거부할 수도 있습니다. 아이는 아무것도 모르고 당신은 무엇이 좋고 나쁜지 전부 안다는 가정 하에 자녀에게 접근한다면 밀어낼 가능성이 높습니다. 90년대, 80년대, 70년대 부모 자식들도 마찬가지였습니다. 자녀와 부모의 입장이란 앞으로도 절대 변하지 않을 것이고, 이는 디지털 기술과는 무관한 문제입니다.

그러니 디지털 기술 이용을 쟁점으로 열여섯 살 자녀에게 접근한다면 절대 당신이 '더 많이' 혹은 '더 잘' 안다는 관점에서 접근해서는 안 됩니다. 아이가 무엇을 이미 알고 있거나 아직 모르는지, 무엇을 생각하거나 느끼고 있는지에 대해서도 지레짐작하지 않는 편이 좋습니다. 통계에 따르면 평균적인 16세라면 이미 음란물, 사이버 폭력, 혐오 발언 등 온갖 부정적인 콘텐츠와 체험을 온라인에서 겪어봤을 가능성이 높습니다. 또한 아이들은 자기가 이런 일을 겪어봤다는 사실을 털어놓으려고 하지 않을 가능성도 높습니다. 어른들이 당장 디지털 기기를 빼앗거나 앱을 지우는 반응을 할까 봐 두려워하기 때문입니다. 그런 상황에서 당신은 그렇게 하고 싶은 본능을 누르고 다시 생각해야 합니다. '나는 지금 무엇을 달성하고자 하고, 실제로 내 아이를 어떻게 도와주려고 하고 있으며, 최종 목표는 무엇이지?' 청소년 자녀가 당신을 밀어내고 소리를 지르며 뛰쳐나가는 것이 최종 목표는 아닐 것입니다. 최종 목표는 대화를 나누는 것, 적어도 대화를 나누기 시작하는 것입니다.

Q **10대 아이와 디지털 기술 이용에 관한 대화를 어떻게 시작하면 좋을까요?**

A "네가 디지털 기기를 사용하는 것과 관련해서 내가 어떤 점을 가장 크게 오해하고 있는 것 같아?", "내가 어떤 점들을 이해하지 못한다고 생각해?", "틱톡을 써 보니까 어땠어? 대체로 좋았어, 나빴어?", "네가 디지털 기술을 이용하는 습관 중에 계속하고 싶은 것과 바꾸고 싶은 걸 말해 볼래?" "이 앱을 앞으로도 5년은 더 쓸 것 같아, 아니면 질릴 것 같아?", "온라인에서 정말 나쁜 경험을 한 적이 있니?", "온라인 행동을 바꿔야겠다고 느낀 적이 있니? 어떻게 바꿨어?" 같은 질문을 하세요.

10대 청소년이라면 아마 이 모든 질문에 대답할 겁니다. 하지만 대답하지 않더라도 이 질문의 목적은 아이를 훈육하거나 잘못을 잡아내는 것이 아니라는 점을 유념하세요. 핵심은 대화를 나누면서 자녀와의 관계를 돈독히 다져서 온라인에서나 오프라인에서나 나쁜 일이 생겼을 때 당신에게 기댈 수 있다는 사실을 아이들에게 알리는 것입니다.

Q 그 밖에 보호자로서 해야 할 일이 무엇일까요?

A 저는 항상 연령 제한을 확인하라고 강조합니다. 정말 너무 중요한 일이에요! 자녀가 이용하고 싶어 하는 콘텐츠의 연령 및 적절성 수준을 확인하세요. 귀찮을 수도 있겠지만 20분만 투자해서 이 방법을 꼭 배우도록 하세요.

〈월스트리트저널〉이 실시한 또 다른 연구는 알고리즘(해당 연구의 대상은 틱톡의 알고리즘)이 얼마나 빨리 부적절하거나 해로운 콘텐츠를 줄줄이 제시할 수 있는지 밝혔습니다. 예를 들어 8세 아동이라면 틱톡 같은 플랫폼에서 불쑥불쑥 나타나는 흥미로운 링크를 클릭하지 않을 만큼 충분한 지식이나 통찰력, 자제력을 갖추고 있지 않습니다. 심지어 요즘 부모들은 귀여운 강아지들이 춤추는, 아무런 문제가 없어 보이는 동영상조차 시청자를 음란물로 유도할 수 있다는 골치 아픈 문제를 겪습니다(예를 들어 부모들은 유튜브의 〈페파 피그Peppa Pig〉와 〈퍼피 구조대Paw Patrol〉 같은 동영상을 보다가 이런 일이 일어난 사례를 들려주곤 합니다). 당연하게도 아이는 그런 영상을 절대 잊어버릴 수 없고, 부모로서 당신은 의도했던 것보다 훨씬 일찍 성교육을 해야 하는 상황에 처할 수 있습니다. 따라서 우리는 아이들을 어릴 때부터 안전하게 보호하는 데 초점을 맞춰야 하고, 동시에 자신을 스스로 안전하게 지키는 법을 아이들에게 가르쳐야 합니다.

또한 적절한 음주처럼 '오프라인' 문제를 둘러싼 가족의 가치관을 디지털 기기 사용에 '적용'하지 못할 이유도 없습니다. 부모라고 해서 온라인 플랫폼 사용이 그냥 웃기는 반려동물 동영상이나 사람들이 춤추는 동영상을 보는 것보다 훨씬 더 복잡할 수 있다는 사실을 늘 자각하는 것은 아닙니다. 소셜 미디어 사용자가 모두 그 잠재적인 해로움을 경험하지는 않지만, 부모는 그런 위험이 무엇이고 어떻게 해야 자녀가 그런 위해를 경험할 가능성을 줄일 수 있는지 알아야 합니다.

Q 디지털 기술이 미치는 부정적 영향에 관한 논의가 과장됐다고 생각하나요?

A 가끔씩 내가 디지털 기술이 미치는 부정적인 역할을 과장하고 있다고 생각하는 사람들의 의견을 받을 때가 있습니다. 또한 이 논의가 전반적으로 지나치게 불필요한

우려를 자아낸다고 느끼는 사람들도 있죠. 저는 우리가 다 함께 대화하고 문제를 해결해 나갈 수 있도록 누구나 디지털 기술에 관한 자신의 의견을 밝힐 기회를 가져야 한다고 굳게 믿습니다. 다행스럽게도 올테크이즈휴먼 All Tech Is Human처럼 이런 일을 대규모로 하고 있는 단체들이 이미 있습니다.

한편으로는 현대 기술이 구축한 방식이 우리 개인이나 사회 전체에 전적으로 유익하다고만 생각하는 사람은 2022년 현재로서는 없다고 생각합니다. 소셜 미디어 플랫폼은 분노와 공포를 유발하는 뉴스가 중립적이거나 즐거운 뉴스보다 수십 배 빠르게 확산되는 방식으로 구축되어 있습니다. 게다가 페이스북 그룹을 비롯해 순식간에 사람들을 과격하게 만들 수 있는 접근 용이한 웹사이트들도 많이 있습니다. 디지털 미디어는 이를 뒷받침하는 알고리즘에 힘입어 쟁점을 양극화하고 맥락에서 떼어놓아 결국에는 현실을 흑백논리로 보여주기도 합니다. 게다가 온라인에서 얻을 수 있는 정보량과 이런 정보를 얻을 수 있는 플랫폼의 개수가 너무 많다 보니 아이·어른 할 것 없이 집중하기가 어렵고 정신적으로 혼란스럽다는 불만을 계속 품고 있습니다. 디지털 원어민으로 태어난 자녀와 자녀의 온라인 생활을 이해하기가 너무 어렵다고 느끼다 보니 과연 온라인에서 아이들의 안전을 확보하고 디지털 시민으로서의 능력을 개발하도록 도울 수 있을지 확신이 서지 않는 전 세계 곳곳의 수천, 수백만 부모들도 잊지 말아야 합니다.

흥미롭게도 미국, 싱가포르, 영국, 내가 태어난 세르비아에 이르기까지 어느 나라 사람들과 이야기하더라도 디지털 기술 시대 양육의 어려움, 잘못된 정보의 확산, 과도한 기술 이용이 집중력에 미치는 악영향 등 비교적 비슷한 사연을 듣게 됩니다. 결국 제 안의 긍정 심리학자는 디지털 기술의 장점에 계속해서 초점을 맞추고 이를 확대하는 한편, 디지털 기술을 위험하고 특히 어린 세대에게 유해한 존재로 만드는 모든 결함을 계속해서 찾는 균형을 확립해야 한다고 확신합니다.

좀 더 자세한 사항은 www.teopcoaching.com에서 확인하세요.

2. 뉴질랜드 오클랜드 기술대학교 부교수 레나 웨이제네거 박사와 함께 디지털 기기 없이 여행하면서 나눈 인터뷰에서 발췌

스마트폰은 여행에 빠질 수 없는 동반자이며 친구, 가족과 연락을 주고받거나, 여행 사진을 소셜 미디어에 공유하거나 목적지로 가는 길을 찾는 등 모든 일에 놀랄 만큼 편리한 도구다. 이제 스마트폰 없이 여행한다고 상상해 보자. 두려운가? 도전해 보겠는가?

•••••

Q 디지털 해독 여행 연구를 시작하기 전에 사람들은 어떻게 느꼈나요?

A 불안해하고 긴장하는 사람도 있었습니다. 요즘에는 실제 세계만큼이나 디지털 세계에서도 많이 생활하고 여행할 때는 스마트폰에 더 많이 의존하니까요. 하지만 "오, 신이여 감사합니다. 당분간은 모든 의무에서 벗어날 수 있겠네요"라며 무척 신난 사람도 있었습니다.

Q 연구의 '규칙'은 무엇이었나요?

A 연구 참가자들이 꼭 지켜야 하는 요건은 여행 중 적어도 하루는 디지털 기기를 사용하지 않고 다니는 것이었습니다. 아예 디지털 기기를 사용하지 않고 연결을 차단해야 했죠. 이것이 최초의 요건이었지만 참가자 대부분은 스마트폰을 가지고 다니되, 인터넷은 사용하지 않고 카메라 같은 오프라인 기능은 사용했습니다. 방해 금지 모드로 전환해서 긴급 전화만 걸려 올 수 있게 설정하는 참가자도 있었고요.

Q 초기 반응은 어땠나요?

A 디지털 연결이 끊기는 순간 정말 충격을 받는 사람들이 많았어요. "우리는 생활의 모든 측면은 물론이고 여행의 모든 측면에서도 정말이지 디지털 기술에 많이 의존하고 있다"라는 경종과도 같았죠. 여행에 앞서서 아무것도 계획하지 않은 참가자들도 있었어요. 그들은 "그러면 우리는 호텔에 어떻게 가죠? 돈은 어떻게 뽑나요?"라고 말했어요. 그렇게 간단한 일들이 갑자기 엄청난 난관이 되더군요. 따라서 그들은 새로운 방법을 찾고 인터넷이 끊긴 상황에서 여행하는 법을 다시 배워야 했습니다. 목적지에 도착했을 때 가족이나 친구와 연락하

고 싶다는 강한 충동을 느낀 사람들도 있었습니다. 가족이나 친구들이 연락하지 못할까 봐 무척이나 걱정했죠. 그 상황에 아주 불안해했습니다. 그런 식으로 많은 참가자가 그 상황에 크게 충격을 받았죠. 좀 더 잘 준비한 사람들에게도 이 여행은 도전이었지만 훨씬 빨리 안도했습니다. 지도를 인쇄해 왔고, 숙박시설로 가는 방법도 알아뒀고, 여행지를 어떻게 돌아볼지도 미리 알아놓았으니까요.

Q 처음에 받은 충격이 지나간 이후에 참가자들은 무엇을 경험했나요?

A 우리는 '다시 연결하고자 단절합니다'라고 말했어요. 디지털 기술과 연결을 끊으면서 주변 자연 및 사람들과 다시 이어지죠. 이 말이 우리 구호였어요. 이 구호는 정말 맞는 말이었습니다. 참가자들은 길을 묻거나 새로운 방문지에 대해 물어보려고 다른 여행자들에게 열심히 말을 걸었어요. 한 커플은 누가 지역 주민에게 말을 걸 것인지 협상하기도 했어요. "아니야, 당신이 해! 싫어, 당신이 해!"라며 서로에게 떠넘겼죠. 그러던 두 사람은 결국 말을 걸었고 그 어떤 여행안내 책자에도 실려 있지 않은 현지인들만 아는 멋진 해변을 발견했습니다. 그것

이야말로 경종이었죠. 활용할 수 있는 현지 자원이 그토록 많다는 사실을 깨달았으니까요.

타이베이를 여행 중이던 한 커플은 유명한 사찰에 가고 싶었지만, 디지털 기기를 사용할 수 없어서 찾을 수가 없었습니다. 그래서 그 사찰을 찾으려고 그저 골목길을 걷고 있다가 꼭꼭 숨어 있는 다른 사찰을 발견했습니다. 그곳 입구에서 주지 스님을 만났죠. 두 사람은 스님과 한 시간 동안 자리를 함께했고, 스님은 그 사찰과 종교에 대해 자세하게 가르쳐 줬습니다. 그들은 비밀 투어에 참가하게 됐고 작은 선물도 받았죠. 구글 맵을 이용해서 곧장 관광지 사찰로 갔더라면 이렇게 멋진 경험은 결코 하지 못했을 겁니다! 뜻밖에 두 사람은 그 누구도 찾아오지 않은 사찰을 찾았죠. 이는 사찰을 관리하는 스님에게도 무척 특별한 일이었습니다. 관광객 두 사람이 찾아왔으니까요. 그리고 커플에게도 정말 특별한 일이었죠. 디지털 기기를 쓰지 않고 여행하고 있었다는 이유만으로 그 지역과 종교에 대해서 알게 됐으니까요.

통제를 포기하면 이렇게 훨씬 더 풍부한 경험을 할 수 있습니다. 디지털 기기를 사용할 때 우리는 항상 안전하고, 상황을 통제하고 싶고, 어디로 가는지 정확하게 알고 싶어 하며, 5분만 늦어도 상대방에게 알리려고 하죠. 하지만 선뜻 연결을 끊은 사람들은 정말 멋진 경험을 했어요. 그들은 시간이 흐르면서 이 사실을 깨달아 불안감도 잦아들었고 그 상태에 익숙해졌죠. '그래, 이게 지금 우리 상황이야. 디지털 기술을 사용할 수 없고 인터넷에 접속할 수 없지. 그래도 우리는 이 상황에 제대로 적응했어.' 그렇게 그들은 인터넷 없이 그 상황을 헤쳐나가는 법을 배웠습니다. 사람들에게 접근하는 법도 배웠고요.

Q 가장 놀라운 발견은 무엇이었나요?

A 가장 흥미로운 발견은 그 이후로 사람들이 다시 인터넷에 접속하고 싶어 하지 않았다는 점이었습니다! 아시다시피 처음에 그들은 무척 불안해했어요. 그리고 무척 갈팡질팡했잖아요? 그러다가 이렇게 크게 성장했고, 여러 수준, 특히 개인적 수준에서 커다란 학습 곡선을 그렸습니다. 여행을 함께한 상대와 다시 연결됐다는 사실도 흥미로운 발견이었어요. 요즘에는 비행기 안에서는 영화를 보고 호스텔에서는 스마트폰만 들여다보잖아요? 그리고 밖에 나가서는 소셜 미디어에 콘텐츠 올리는 데 열중합니다. 하지만 디지털 기술과 완전히 단절된 상태로 여행하면 말을 훨씬 더 많이 하게 됩니다. 특히 커플들

은 정말 오랜만에 깊이 있는 대화를 나눴고, 디지털과 단절된 시간을 보내면서 서로 다시 훨씬 가까워졌다는 말을 많이 했어요. 서로가 하는 말을 무척 귀 기울여 들은 덕분이었죠.

Q 이 방법을 시도해 보고 싶은 사람에게 무엇을 추천하고 싶나요?

A 자기 자신과 일, 동료, 친구, 가족들에게 미치는 스트레스를 줄이기 위해서 주말이나 휴가 기간에 이 방법을 시도해 보라고 추천합니다. 그럴 때는 연락하려는 사람이 적으니까요. 회사들도 대개는 쉬는 날에 이메일에 회신하리라는 기대는 하지 않고요.

Q 생활 속에서 디지털 기술을 균형 있게 사용하기 위해 어떻게 노력하고 있나요?

A 제 경우에는 주의 산만이 중요한 문제여서 이를 완전히 피하려고 애씁니다. 전화는 항상 무음으로 해 놓고, 어떤 알림도 받지 않고 이메일이나 소셜 미디어 알림도 아예 받지 않습니다. 그런 소리가 들리면 업무에 집중하는 데 방해가 되거든요. 그리고 아시겠지만, 스마트폰을 절대 책상 위에 올려두지 않아요. 늘 치워두죠. 일할 때는

포모도로 기법을 많이 사용합니다. 일을 미루거나 산만 해진다는 느낌이 들면 바로 포모도로 타이머를 켭니다. 요약하면 모든 주의 산만 요소를 피하고, 포모도로 기법을 사용하는 것 두 가지예요. 정말 효과적이죠.

저는 디지털 기술의 열렬한 팬입니다. 그저 이를 좀 더 바람직한 방식으로 사용하는 법을 배우면 된다고 생각해요.

• • • • •

웨이제네거와 그의 연구에 관한 정보는 링크드인 http://nz.linkedin.com/in/lenawaizenegger에서 찾아볼 수 있다.

3. 언플러그드 공동 설립자
헥터 휴스와 나눈 인터뷰에서 발췌

Q 언플러그드는 어떤 단체인가요?

A 도시 생활에서 한 시간 떨어진 아름다운 오두막집에서 디지털 디톡스를 제공함으로써 바쁜 도시 사람들이 긴장을 풀도록 도와주는 일을 합니다.

Q 왜 사람들이 언플러그드 오두막집으로 온다고 생각하나요?

A 스트레스를 풀고 재충전하면서 자기 자신과 다시 연결되기 위해서 옵니다.

Q 투숙객들에게 어떤 피드백을 받나요? 그들은 어떤 결과를 경험합니까?

A 예약할 당시에는 스마트폰을 금고에 넣고 잠가 두는 것이 일종의 장사 수법이라고 생각했는데 묵으러 와서 진짜로 그렇게 한다는 걸 알았다고 하더군요.

자기가 인터넷에 접속하지 않아도 세상은 끝나지 않는다는 사실을 깨달았다는 반응도 좋았습니다. 중요한 교훈이죠!

Q 테크 라이프 밸런스와 관련해 당신 자신에게 가장 큰 난관은 무엇인가요?

A 사업을 한다는 흥미진진함입니다. 하는 일을 좋아하다 보니 일에서 벗어나기가 무척 어렵습니다. 그래도 정말 중요한 일이죠. 저는 정말 애써서라도 쉬는 시간을 내야 해요.

Q 건전한 테크 라이프 밸런스를 찾을 수 있도록 최선의 조언이나 비법을 알려주세요.

A 저녁 6시부터 오전 9시까지는 디지털 기기를 사용하지 않도록 하세요. 매일 15시간 동안 오프라인 상태로 보내면 머리가 맑아집니다. 대부분의 사람들은 저녁 시간과 이른 아침에 디지털 기기를 사용할 필요가 없습니다. 휴식하세요.

Q 10년 후 우리는 디지털 기술을 어떻게 사용하고 있을까요?

A 바라건대 좀 더 신중하게 쓰면 좋겠네요. 정말이지 해결하기 어려운 문제이지만 저는 인간의 독창성을 굳게 믿습니다. 분명히 해결할 수 있을 거예요.

Q **디지털 기술의 가장 큰 장점은 무엇일까요?**

A 디지털 기술은 힘을 부여합니다. 디지털 기술 덕분에 세계에서 가장 가난한 지역의 사람들도 은행 업무나 디지털 경제에서 돈을 벌 기회처럼 우리가 당연하게 여기는 일에 접근할 수 있습니다. 갈 길이 멀지만, 가능성은 무한하죠.

Q **테크 라이프 밸런스에 대해 더 하고 싶은 말씀이 있나요?**

A 미래를 예측하는 가장 좋은 방법은 미래를 만들어 나가는 것입니다. 사람들이 온종일 스크린만 바라보며 지내는 세상이 될 수도 있고 이와 다른 미래를 만들어 낼 수도 있겠죠. 후자이기를 바랍니다.

• • • • •

더 자세한 내용은 www.unplugged.rest에서 찾아볼 수 있다!

328

4. 스웨덴 출신 저자 겸 동기부여 강연자 안나 테벨리우스 보딘과 나눈 인터뷰에서 발췌

Q '지속 가능한 뇌'란 무엇인가요?

A 지속 가능한 뇌는 시간이 흐르는 동안 우리가 계속 실행할 수 있는 행동을 합니다. 그 순간을 바탕으로 결정을 내리는 데 그치지 않고 장기적으로 우리가 되고자 하는 인간 유형을 뒷받침하고 우리가 내린 결정에 자부심을 느낄 수 있도록 합니다.

Q 도파민은 우리 뇌에 어떤 영향을 미치나요?

A 우리 뇌는 인류의 조상이 생존하는 데 도움이 되는 행동에 적합하도록 설계되어 있습니다. 그래서 주의력은 놀랍고, 새롭고, 예기치 못한 대상을 향하게 됐죠. 이런 대상은 도파민을 분비시키고 살아남는 데 도움이 됐습니다.

Q 디지털 기술은 우리 뇌에 어떤 영향을 미쳤나요?

A 지금 현재 생활과 불과 15년 전 생활 사이에는 엄청난 차이가 있습니다. 지금은 정말 많은 유혹이 있고 너무나 쉽게 도파민 분비를 유도할 수 있죠. 우리는 풍요로운 시대를 살아가고 있고 10년에서 15년 전보다 소비하기

가 훨씬 쉬워졌습니다. 소비가 바람직해서가 아니라 할 수 있기 때문에 소비합니다. 우리는 끊임없이 새로운 도파민 분비를 유도할 수 있고, 만족스러워서가 아니라 그만두기가 불편하다는 이유로 계속 소비합니다.

Q 디지털 기술이 유발하는 과도한 도파민 분비에 따르는 위험은 무엇인가요?

A 우리가 가치 있다고 여기는 것들은 하나같이 불편함을 참아야 얻을 수 있기에, 노력이 필요하지 않은 소비만 고수한다면 결코 그곳에 도달할 수 없습니다. 중요한 것, 정말로 장기적인 웰빙을 뒷받침하는 것을 얻기 위한 장애물을 극복할 수 없게 될 거예요. 정보 소비는 스트레스를 초래하는 도파민 자극제가 되고, 우리는 그 스트레스를 새로운 스트레스로 보충합니다.

Q 스크롤링처럼 잠깐 기분이 좋을 뿐인 바람직하지 않은 행동을 좀 더 쉽게 멈추려면 어떻게 해야 할까요?

A 사교, 독서, 운동처럼 어떤 형태로든 노력이 필요하고 자극이 되는 일을 함으로써 도파민 자극제 금단 현상을 줄일 수 있습니다. 그렇게 하면 도파민이 갑자기 분비되는 대신 천천히 증가합니다. 갑작스러운 분비와 서서히

증가하는 수준의 차이는 나중에 느끼는 기분입니다. 축구 경기를 두 시간 동안 했을 때는 활기가 넘치고 동기 부여 수준이 올라가서 '지루한' 작업에도 대처할 수 있게 되지만, 스크롤링을 두 시간 동안 하고 나면 진이 빠진 듯한 기분이 듭니다.

우리 삶 전체가 도파민 분비로 뒤범벅된다면 다른 모든 것이 불쾌하게 느껴질 것입니다. 당장 도파민을 분비하지 않는 모든 일이 불편하게 느껴지게 되고 우리는 뇌에게 이런 도파민 분비를 갈구하도록 가르치는 셈입니다.

Q 건전한 테크 라이프 밸런스를 찾을 수 있도록 최선의 조언이나 비법을 알려주세요.

A 우선 행동에 관한 중요한 원칙이 있습니다. 2007년에 나타났던 문제는 우리가 무엇을 하기 시작했는지가 아니라 무엇을 '그만'뒀는지에 있었습니다. 소셜 미디어를 스크롤 하거나 넷플릭스를 보거나 화장실에서 스마트폰을 사용하면 안 된다는 말이 아닙니다. 그저 '자신의 선택을 돌이켜봤을 때' 기분이 좋아지는 일을 하세요. 그렇게 했더라면 좋았을 것 같은 일들을 생각해 보세요. 자기 자신이 이미 그런 일들을 하고 있는 사람이라고 생각해 보세요.

다음 단계에는 선택지가 있을 때 옳은 결정을 내리는 힘이 필요합니다. 그런 힘은 항상 쉬운 선택지에 굴복함으로써 얻어지는 것이 아니라 강해지는 일을 할 때 얻을 수 있습니다. 그런 연습 중 하나가 바로 2분 동안 완전히 침묵하는 것입니다. 그동안 아무것도 소비하지 마세요. 기분이 어땠나요? 힘들었을수록 더 많이 필요하다는 뜻입니다! 뇌는 소비가 아니라 생각하도록 만들어졌습니다. 깨어 있는 시간 내내 소비만 하는 현재 우리 생활양식은 뇌에 커다란 영향을 미칩니다. 하루에 최대 10분 동안 침묵을 유지하고 이를 한 달 동안 계속할 수 있다면, 한 달 후 뇌의 시냅스를 촬영한 스캔에서 나타나는 물리적 변화를 실제로 확인할 수 있어요! 정신력과 신경 네트워크가 개선될 것입니다.

Q '**AGT(관심 끌기 기술)**'에 대한 우리 시각이 앞으로 10년 후에 어떻게 바뀔 것으로 생각하나요?

A 모든 것이 두 방향으로 진행되고, 양쪽 모두에 극단이 있습니다. 한편으로는 점점 더 많은 사람이 직접 선택하지 않음으로써 중독 증세를 보이고 있습니다. 디지털 소비를 의식하지 못하는 대규모 집단이 있습니다. 기술 접근성이 한층 더 높아지면서 이런 현상은 악화될 것입니

다. 하지만 다른 한편으로는 반발도 있죠. 이런 반발은 인터넷이 없었던 삶을 기억하지만, 인터넷 진화기에 성장했던 25세부터 45세 사이 세대가 주도하고 있습니다. 학교와 같은 기관들이 이에 협력해서 의식 수준을 높여야 합니다.

저는 젊은 세대들이 현명하고 스스로 최선을 이끌어 내는 데 필요한 원동력을 가지고 있다고 생각합니다!

5. 마인드 컨설턴트 겸 영국 디지털 마인드 설립자 TJ 파워와 나눈 인터뷰에서 발췌

Q 현대 생활이 우리에게 어떤 영향을 미치고 있나요? 왜 지금 우리가 이런 난관을 맞이하고 있을까요?

A 우리 인류는 20만 년 동안 비슷한 육체를 유지해 왔습니다. 실제로 그렇게 많이 달라지지 않았어요. 하지만 우리 행동은 확실히 크게 달라졌습니다. 우리는 기본적으로 숲속을 뛰어다니며, 먹고 자고 숨 쉬고, 인간으로서 그런 경험을 교류하는 고등 동물로 진화했습니다. 그러나 지금 우리는 아침에 스마트폰 알람이 울리면 일어나서 얼굴에 스마트폰 스크린을 들이밀고, 스트레스가 될

수도 있는 수없이 다양한 시각과 생각, 정보를 소비합니다. 그러고는 잠깐 이동해서 하루에 8시간에서 10시간을 컴퓨터 앞에 앉아서 보내고, 저녁 시간에는 텔레비전을 보면서 보내다가 다시 스마트폰을 붙들고 침대에 드러눕습니다. 이렇듯, 인간이 진화상으로 하도록 설계된 행동과 우리가 지금 실제로 하고 있는 행동은 상당히 다릅니다. 이런 차이가 우리의 마음과 뇌, 그리고 여기에서 무슨 일이 일어나고 있는지에 대한 생각에 영향을 미치고 있다고 생각합니다.

인류가 출현한 지 20만 년이나 되다 보니 우리는 현대인이 살아가고 있는 지금 이 세기가 얼마나 독특한지를 과소평가하고 있는 것 같습니다. 앞으로 20년에서 30년, 혹은 40년 사이에 이 기술이 처음에는 안경에서 시작해서 나중에는 증강 현실 및 가상현실로 우리와 아주 밀접하게 연결될 것이라는 데 동의할 사람이 많을 것입니다. 그리고 저는 우리가 과거 20만 년 동안 일어난 변화가 100년 안에 일어나는 시대를 살아가고 있다고 생각합니다. 우리는 이 모든 기술과 사물이 융합되는 격변기에 있습니다. 지금은 정말 독특한 시기이며 대체 어떤 일이 일어나고 있는지 정말 깊이 이해하고 이를 최선의 방법으로 활용하고자 애써야 할 시기라고 생각합니다.

Q 뇌와 신경전달물질에 관해서 자주 언급하는데, 그게 어떻게 작용하나요?

A 저는 신경전달물질 두 가지에 무척 흥미를 느낍니다. 도파민은 동기를 부여하는 역할을 합니다. 즉 우리에게 어떤 일을 시키고 우리 행동이 나아갈 방향을 정하는 신경전달물질이죠. 세로토닌은 기분이 좋아지게 합니다. 체내에서 만들어져서 기분과 수면을 비롯한 여러 가지 사항에 관여하죠. 제 생각에 현대 사회를 살아가는 우리는 일을 하면서 뇌를 너무 많이 자극하고 도파민을 지나치게 활성화합니다. 이메일을 확인하면서 일이 잘되고 있는지 파악하거나 소셜 미디어에 접속해서 사람들이 무엇을 하고 있거나 무엇을 소셜 미디어에 올리는지 보곤 하죠. 게다가 술과 패스트푸드, 온라인 쇼핑까지 즐깁니다. 우리는 정신의 우선순위를 지나치게 높이고 신체의 우선순위를 낮추기 시작했어요. 이런 경향이 기분에 큰 영향을 미치는 것 같습니다.

　　도파민을 자연스럽게 경험하면 기분이 아주 좋아집니다. 밖으로 나가서 적당히 운동하고 집으로 돌아왔을 때를 생각해 보면 진정한 성취감을 느끼게 됩니다. 혹은 음식을 만들기로 하고 45분 동안 음식을 만든 다음 자리에 앉아서 먹는다고 생각해 보세요. 그럴 때 분비되는 도파민에서는 정말 자연스러운 강화를 얻게 되고 "그래, 내가 정말 바람직한 일을 했어"라고 느끼게 됩니다. 이것이 도파민의 원래 목적입니다. 도파민에 따르는 도전은 사실 도파민이란 우리가 얻어내야 하는 물질이라서 이를 얻을 수 있으려면 어느 정도 노력을 기울여야 한다는 사실입니다. 도파민은 그런 식으로 생존에 도움이 되도록 우리 행동을 이끌 수 있었습니다. 이제 오랫동안 인간으로 살아온 우리는 노력을 기울여야 하는 부분을 짧게 줄였습니다. 그러니까 알코올, 마약, 패스트푸드를 비롯해 제가 생각하기에 사회에서 가장 큰 도파민 공급원인 스마트폰에 이르기까지 노력 없이 곧장 도파민을 얻는 방법을 찾은 거죠.

Q 이 문제에 어떻게 대처할 수 있을까요?

A 디지털 기술과 사람의 관계와 관련해서 제가 꼭 권하는 방법은 매일 하루에 45분에서 60분 정도 도파민 디톡스를 실행하는 것입니다. 사실 그렇게 긴 시간이 아닌데, 사람들이 그렇게 하려면 노력해야 한다는 사실이 놀랍습니다. 하루에 45분에서 60분 동안 컴퓨터도 쓰지 않고 스마트폰도 보지 않은 상태로 보내는 사람이 많지 않습니다. 보통은 그렇게 되지 않아요. 그래서 저는 사람

들에게 기술과 균형을 찾는 첫 번째 단계로 스마트폰을 사용하지 않는 시간을 하루에 한 시간 확보하고 책을 읽거나, 음식을 만들거나, 밖으로 나가서 사람들과 어울리면서 스크린을 보지 않거나, 자연으로 나가서 무엇이든 하라고 권합니다. 그러니까 첫 번째 단계는 그냥 매일 밖으로 나가서 도파민을 획득할 자유 시간을 찾는 것이라고 하겠습니다. 그리고 도파민은 요리, 운동, 사교 등에 노력을 기울임으로써 획득할 수 있습니다. 그렇게 하면 우리 뇌는 스마트폰이 제공하는 인공적인 경험이 아니라 자연스러운 경험을 얻게 됩니다.

Q 45분에서 60분이 힘들게 느껴지는 사람이라면 어떻게 해서 서서히 적응할 수 있을까요?

A 뇌가 정말로 취약한 상태인 기상 직후에 최대한 스마트폰을 쓰지 않도록 하세요. 친구들과 어울릴 때나 자연 속에 있을 때, 잠자리에 들 때도 마찬가지입니다.

Q 디지털 기술과 관련해 당신 자신에게 가장 큰 난관은 무엇인가요?

A 제 경우는 확실히 소셜 미디어에서 내가 올린 콘텐츠가 사람들의 공감을 얻고 있는지 확인하는 것입니다. 이런

콘텐츠를 만드는 걸 무척 좋아하거든요. 그런 경험들이 전부 너무 즐거워요. 그럴 때 확실히 도파민이 분비되죠. 살면서 시도하고 성공하는 것은 즐거운 일이니까요. 혼란이 생기지 않도록 알림은 전부 꺼둡니다. 하지만 접속해서 확인은 해요. 이 전략이 정말로 효과가 있었다거나 덕분에 머리가 잘 돌아갔다고 말하는 댓글을 보면 '당연하지, 얼마나 오랫동안 생각한 전략인데'라며 우쭐하곤 해요. 동시에 누군가에게 도움이 되었으니 또 좋은 일이죠. 누군가에게 도움이 됐다는 사실에 감사하게 되거든요. 하지만 도움이 됐는지 확인하는 데 중독될 수도 있어요. 그게 제가 가장 많이 찾아보는 것이라서 알림 요약 일정 기능을 사용합니다. 하루에 두 번만 스마트폰으로 알림을 받는 기능인데 꽤 도움이 됩니다. 네, 그게 저에게 가장 큰 난관이에요. 그리고 실제로 거기에서 벗어날 수 있는 적절한 방법은 멀어지는 방법뿐이에요. 요리 같은 일을 하다가도 갑자기 스마트폰을 확인하고 싶은 유혹이 들 수 있잖아요. 그래서 항상 다른 방에 놓아두거나 2층에 두고 비행기 탑승 모드로 해둡니다. 나 자신에게 여유 시간을 주기 위해 실제로 물리적으로 스마트폰과 거리를 두려고 노력합니다.

•••••

좀 더 자세한 사항은 www.instagram.com/tjpower/ 에서 확인할 수 있다.

6. 뉴질랜드 출신 심리학 전공 기술 훈육 및 주의 산만 코치 소하일 카시카리와 나눈 인터뷰에서 발췌

Q 당신은 다른 일에 집중하고 싶은데도 유튜브 동영상만 10시간 내내 보는 사람들을 대합니다. 어떻게 그들을 돕나요?

A 그냥 좀 더 열심히 노력하면 된다고 생각하는 사람이 많습니다. 하지만 우리는 불리한 상황에 처해있고 마땅한 수단도 없습니다. 미디어와 테크 기업들은 어떻게 하면 우리가 자사 기술을 최대한 오랫동안 사용하도록 영향력을 행사할 수 있을지 파악하는 데 막대한 금액을 투자합니다. 기본적으로 저는 추가 수단이 필요한 사람들에게 그런 영향에서 벗어나 통제권을 되찾고 자신에게 중

요한 영역에 재투자하기 위한 에너지와 능력을 갖추는 방법을 가르치는 일을 합니다.

예를 들어 뉴스피드 블로커와 앱 제한 같은 도구 사용처럼 단순한 방법도 있습니다. 혹은 앱의 모습, 앱을 사용하는 법, 앱을 접속하는 법처럼 앱을 사용하는 방식을 바꾸는, 조금 더 복잡한 방법도 있습니다. 기본적으로 앱을 좀 더 '지루'하게 만드는 것, 클릭 수와 사용 시간을 획득하기 위한 접근성과 효율성을 낮추는 방법입니다. 좀 더 깊은 수준에서는 기술이 우리 생활에서 수행하는 역할에 대해서 어떻게 생각하는지를 파고들기도 합니다. 그 과정에서 기술과의 역학관계와 주의 산만이 미치는 영향, 그것이 심리에 미치는 역할, 나아가 그것이 장기적으로 우리 삶에 미치는 영향을 좀 더 의식하게 됩니다.

Q **당신을 찾는 내담자들이 고민하는 가장 흔한 문제는 무엇입니까?**

A 언제 어떤 일이 문제가 될까요? 예를 들어 담배를 한 개비 피운다면 아직 별다른 문제가 없겠지만, 장기간에 걸쳐 매일 담배를 피운다면 폐암에 걸릴 위험이 상당히 높아집니다. 그러면 문제가 발생하는 거죠. 인스타그램을 예로 들자면, 인스타그램이 사람들의 정신 건강에 아주

빠르게 악영향을 미칠 수 있다는 증거가 많이 있습니다. 하지만 그게 언제 문제가 될까요? 잠깐 사용할 뿐이라면 괜찮다고 느낄 것입니다. 하지만 때로는 이런 영향들도 시간이 흐르면서 악화되거나 미묘한 영향을 미칠 수 있습니다. 금방 알아차리지 못하고, 심지어 즐기고 있더라도 여전히 불건전한 행동일 가능성이 있습니다. 저를 찾아오는 사람들은 자기 인생에서 소중한 것들에 영향을 미치기 시작할 때 문제가 생겼다고 깨달은 경우가 많습니다. 예를 들어 직장에서 승진, 또는 급여 인상에 필수적인 업무 생산성에 문제가 생길 수도 있습니다. 수면, 활기, 웰빙에도 영향을 미칠 수 있고, 이는 체중 증가나 자존감 하락 같은 결과로 이어질 수 있습니다. 나아가 우리가 소중하게 여기는 사람들과의 관계와 친분에도 영향을 미칠 수 있습니다.

Q **당신이 생각하는 최고의 디지털기기 사용법은 무엇인가요?**

A 핵심은 자신이 기술을 사용하는 의도를 인식하고 스스로 그런 의도를 고수하기 쉽게 만드는 법을 찾는 것이라고 하겠습니다. 많은 사람이 자기 행동을 부끄러워하고, 몰아보기나 장시간에 걸친 스크롤링을 떳떳하게 여기지 않습니다. 그런 수치심과 불편함 때문에 더 많은

주의 분산 요소에 손을 뻗고 싶어지는 불건전한 행동의 악순환이 영원히 계속될 수 있습니다. 저는 사람들에게 좀 더 쉽게 할 수 있는 방법을 찾아보라고 권하는데, 이는 정말 큰 차이를 만듭니다. 예를 들어 사람들은 대부분 페이스북, 틱톡, 인스타그램을 가장 손쉽게 사용할 수 있도록, 즉 가능한 손쉽게 주의를 분산시킬 수 있도록 스마트폰을 설정합니다. 그게 도움이 된다면 문제가 없지만, 그런 앱에 쓰는 시간을 줄이고 싶다면 위치를 옮기거나 삭제하는 것이 좋습니다. 그러니 가장 중요한 핵심은 이 앱으로 무엇을 하고 싶은지, 그것으로 무엇을 달성하고자 하는지 제대로 의식하는 것입니다. 때로는 이런 인식이 함께 대처해야 할 뿌리 깊은 문제를 끄집어 올리기도 합니다. 그런 문제를 해결하려면 전문가의 도움이 필요할 수도 있습니다.

Q 10년 후에 우리는 이 기술을 어떻게 사용하고 있을까요?

A 저는 우리가 이미 올바른 방향으로 크게 나아가고 있다고 생각합니다. 제가 무척 좋아하는 격언이 있어요. 우리가 궁금해 하는 미래는 단지 균등하게 분배되어 있지 않을 뿐, 이미 여기에 있다는 말이에요. 실리콘밸리에는 자녀들에게 소셜 미디어 같은 기술을 많이 사용하지 못

하도록 한다는 사람들이 많습니다. 슈타이너 교육과 몬테소리 교육처럼 자녀가 디지털 기술을 접하는 때를 늦추는 기관을 대상으로 실시하는 연구도 있습니다. 이 연구에서 해당 기관 교육을 받은 아이들이 나중에는 학력 및 창의성 측면에서 더 바람직하게 성장했다고 밝혔습니다. 덕분에 이 아이들은 디지털 기술을 더 효과적으로 사용하게 됩니다. 제가 강조하고 싶은 핵심은 이 분야에 정통한 사람들은 디지털 기술을 사용하는 방식에 주의하는 경우가 많다는 점입니다.

Q 내담자들에게 들은 경험을 소개해 주세요.

A 흔한 사례로 하루에 유튜브를 서너 시간씩 사용하는 사람이 자격증을 따기 위해 추가로 전문적인 공부를 하고 싶지만, 기력이 달려서 공부하는 대신에 계속 유튜브를 보는 경우가 있었습니다. 상담을 통해 내담자들은 좀 더 의식적으로 유튜브 정보를 소비할 수 있게 되었습니다. 결국에 그들은 자격증을 따고, 급여를 대폭으로 인상 받을 수 있었습니다. 게다가 진흙탕 속에 빠진 듯한 기분을 느끼고 스스로 초라해지는 듯한 기분이 드는 활동을 하는 대신에 잠도 더 잘 자고, 긴장이 풀리고, 애써서 노력한 덕분에 원하는 방향으로 나아간 자기 자신을 자랑

스럽게 여기는 자신감도 얻었습니다.

Q **2021년에 열린 스마트폰 없는 날을 기획하는 데 크게 기여했는데 그 경험은 어땠나요?**

A 주류 문화에 맞서서 사람들에게 잠시 스마트폰을 사용하지 않고 지내보자고 호소하는 멋진 경험이었습니다. 우리 목표는 단지 그냥 해보자는 도전을 격려하는 것이었습니다. 하지만 멋진 시간을 보내고 "세상에, 이게 이렇게 좋을 줄은 몰랐어요!"라고 말하는 사람들에게 열렬한 피드백을 받았죠. 가슴 벅찬 경험이었습니다. 딱한 번 시도한 이 경험으로 아예 습관을 바꿨다고 말하는 사람도 수없이 많습니다. 하지만 건전한 디지털 기기 사용 경험을 물거품으로 만들 상황은 여전히 많이 있습니다. 우리가 아이들을 감시하면서 비디오 게임은 1시간만 할 수 있다고 말하더라도 아이들은 이를 피할 다른 방법을 찾거나 다른 방법으로 스크린 타임을 얻고자 할 것입니다. 그러니 우리가 다 함께 노력할 수 있는 건전하고 지속 가능한 사용 문화를 만들어 나갈 방법을 생각해 봤으면 좋겠습니다. 스마트폰 없는 날 같은 행사는 이에 대한 큰 수요가 있음을 증명했고, 그것이 우리가 앞으로 나아갈 흥미진진한 방향이라고 생각합니다.

감사의 말

이 책이 나오기까지 도움을 준 많은 이들에게 감사 인사를 전하고 싶다. 이 글을 읽는 당신이 그동안 나를 지지하고 응원하고 자극했거나, 내가 하는 일을 전파하고, 이 책에 실린 인용문과 의견으로 소개한 인터뷰에 참가하고, 실천법을 시도한 멋진 사람 중 한 명이라면 진심으로 감사드린다. 여러분은 이 책을 이루는 일부분이며, 나는 그런 한 분 한 분의 수고를 아주 잘 알고 있다.

내 첫 번째 코치인 존 메이베리가 없었다면 스마트폰 없는 날 행사를 시작하지도 못했을 것이다. 그 행사는 이후 이 책을 비롯한 수많은 흥미로운 일들로 이어졌다.

세상에 대한 호기심, 관찰에 느끼는 흥미, 나의 신념을 지키는 올곧음은 모두 우리 가족, 특히 어머니와 할머니에게 물려받았다. 이렇게 나를 키워 주셔서 정말 기쁘다. 함께 여정에 참여하면서 각자 다양한 방식으로 나를 지원해 준 모든 친인척에게도 감사 인사를 전한다.

우리 아들 앨버트와 윌리엄은 내게 정말 많은 것을 줬고 이 세상을 바라보는 시각을 바꿔놓았다. 삶에 대한 아이들의 열정과 열의는 내게 전염됐고, 디지털 기술을 좀 더 인도적으로 이용하는 방식을 지지하게 된 큰 이유도 아이들의 미래에 있다. 아이들이 자라지 않았으면 좋겠지만 자란다고 하더라도 그 열정을 잃지 않기를 바란다. 그 열정에 불을 지필 수 있도록 최선을 다할 것이다.

마지막으로 내 반려자 아스트리드는 항상 흔들림 없이 내 곁을 지켜줬다. 스마트폰 사용에 관한 공공 캠페인을 벌이고 싶다고 하든, 일을 그만두고 싶다고 하든, 책을 쓰겠다고 하든, 요가 지도자 과정을 수강하고 싶다고 하든 간에 그녀는 늘 "멋져! 물론 그래야지!"라고 대답해줬다. 하지만 그녀는 내가 길을 잃었을 때 올바른 방향을 알려주고, 건설적인 비판을 제시하고, 내가 엉뚱한 길을 너무 깊게 파고들 때면 막아주기도 했다. 아스트리드, 당신과 함께하는 인생은 모험이야.

— 넘치는 사랑을 담아

참고 자료

테크 라이프 밸런스와 디지털 웰빙을 구체적으로 다룬 문헌은 많이 나와 있다. 또한 이런 변화를 교육하고 지원하는 훌륭한 업무를 담당하는 단체도 많다. 전부 열거하기는 불가능하지만 우선 몇 가지를 소개하고자 한다!

Common Sense Media www.commonsensemedia.org
아이와 기술에 관한 전문가 의견, 객관적 조언, 유용한 도구 등을 제공하는 비영리 단체.

Center for Humane Technology www.humanetech.com
관심 경제에 관해 교육하고 웰빙과 민주주의를 뒷받침하는 기술로 가는 이행을 추진하는 비영리 단체.

Healthy Screen Habits www.healthyscreenhabits.org
가족들이 건강한 스크린 이용 습관을 기를 수 있도록 교육하고 지원하는 비영리 단체.

Non-tech activities for kids www.mothermag.com/
100-screen-free-things-to-do-with-kids-at-home/

Online Pomodoro timer for timer www.pomofocus.io

**The News Literacy Project 10 questions
for fake news:** www.courts.ca.gov/documents/BTB24-
PreCon 2G-3.pdf

Sensible Screen Use www.sensiblesreenuse.org
의료 전문가들이 학부모와 교사들에게 기술의 영향과 좀 더 목적성
을 가지고 기술을 사용하는 방법을 알려주고자 설립한 비영리 단체.

더 읽어볼 거리

니르 이얄(2020), 『초집중』, 안드로메디안

롤프 도벨리(2020), 『뉴스 다이어트』, 갤리온

제런 러니어(2019), 『지금 당장 당신의 SNS 계정을 삭제해야 할
10가지 이유』, 글항아리

제임스 클리어(2019), 『아주 작은 습관의 힘』, 비즈니스북스

칼 뉴포트(2017), 『딥 워크』, 민음사

캐서린 프라이스(2023), 『스마트폰과 헤어지는 법』, 갤리온

Andrea Davis (2020),『Creating a Tech-Healthy Family』, Andrea Davis

Arlene Pellicane and Gary Chapman (2020),『Screen Kids 5 Relational Skills Every Child Needs in a Tech-Driven World』, Northfield Publishing

Sven Rollenhagen (2022),『Scroll Zombies』, Saga Egmont International

Tanya Goodin (2018),『OFF. Your Digital Detox for a Better Life』, Abrams Image

이은경

연세대학교에서 영어영문학과 심리학을 공부했다. 식품의약품안전처에서 영문에디터로 근무하면서 바른번역 아카데미를 수료한 후 현재 바른번역 소속 번역가로 활동하고 있다.

역서로는 『마음이 아니라 뇌가 불안한 겁니다』, 『부모의 문답법』, 『히든 스토리』, 『행복한 디지털 중독자』, 『진정한 나로 살아갈 용기』, 『석세스 에이징』, 『인생을 바꾸는 생각들』, 『아무것도 하지 않는 하루 15분의 기적』, 『우리는 어떻게 마음을 움직이는가』, 『기후변화의 심리학』, 『슬픈 불멸주의자』, 『긍정의 재발견』, 『나와 마주서는 용기』 등이 있다.

테크 라이프 밸런스

디지털 세상에서 똑똑하게 살아가는 101가지 방법

초판　　1쇄 발행 2024년 3월 15일

지은이　　타이노 벤즈
옮긴이　　이은경

펴낸이　　신호정
편집　　심은, 이미정
마케팅　　백혜연, 홍세영
디자인　　김태양

펴낸곳　　책장속북스
신고번호　　제 2020-000111호
주소　　서울시 송파구 양재대로 71길 16-28 원당빌딩 4층
대표번호　　02) 2088-2887
팩스　　02) 6008-9050
인스타그램　　@chaegjang_books
이메일　　chaeg_jang@naver.com

ISBN　　979-11-91836-31-8 03190